Dorothy May

Reiki-Karten

28 Seelenbilder zur Heilung

BAUER

Die Deutsche Bibliothek – CIP-Einheitsaufnahme

Ein Titeldatensatz für diese Publikation ist bei
Der Deutschen Bibliothek erhältlich

Die amerikanische Originalausgabe erschien 2000 bei
Journey Editions, Tuttle Publishing, North Clarendon, VT, unter dem Titel
Archetypal Reiki. Spiritual, emotional & physical healing.
© 2000 by Dorothy May

Deutsch von Susanne Reichert

1. Auflage 2000
ISBN 3-7626-0782-6
© für die deutsche Ausgabe 2000
by Verlag Hermann Bauer GmbH & Co. KG, Freiburg i. Br.
Satz: Fotosetzerei G. Scheydecker, Freiburg i. Br.
Printed in Hong Kong

Dieses Buch widme ich C. G. Jung,
dem Vater der Archetypen;
Dr. Mikao Usui, dem Begründer des
Reiki, und den vielen Reikimeistern,
Lehrern und Menschen, die mich von
Anfang an begleitet haben.
Ich widme mich und meine Arbeit
dem Geist der Heilenergie, die jeden
von uns durchströmt.

Es braucht eine gemeinsame Vision,
um ein Kind aufzuziehen.

Es braucht eine gemeinsame Vision,
um ein Buch entstehen zu lassen.
Danke allen daran Beteiligten.

Ich danke den Stimmen der Vergan-
genheit, der Sicht der Zukunft und
der Weisheit des Jetzt.

INHALT

*Das Buch ist so aufgebaut, daß du es
von Anfang bis Ende durchlesen
kannst – und so machst du dich auch
am besten mit seinem Inhalt vertraut.
Du kannst aber auch deiner inneren
Weisheit folgen und mit einzelnen
Teilen dieses Buches arbeiten.*

Beachte:
*Dieses Buch enthält zwar die japani-
schen Bezeichnungen für die Reiki-
symbole, nicht aber die Symbole selbst.
Die Symbole sind nicht geheim, aber
doch heilig, und entfalten ihre
Wirkung erst, wenn man eingeweiht
ist. Wer Reiki praktizieren will, muß
sich in einer eigenen Zeremonie von
einem Reikimeister/Reikilehrer ein-
weihen lassen, der seinerseits ebenfalls
von einem Meister/Lehrer eingeweiht
wurde. Das hier vorgestellte System
der archetypischen REIKI-KARTEN
ist kein Ersatz für die traditionelle
Reiki-Einweihung oder das Reiki-
Energieheilen.*

*Archetypisches Reiki stellt einen eigenen
spirituellen Weg dar, kann zugleich
aber jede beliebige spirituelle Praktik
ergänzen. Das Buch wie auch die
Karten sollten mit größtem Respekt
und mit Ehrerbietung für den Geist
des Heilens verwendet werden, der
alle Traditionen würdigt.*

霊
気

Reiki

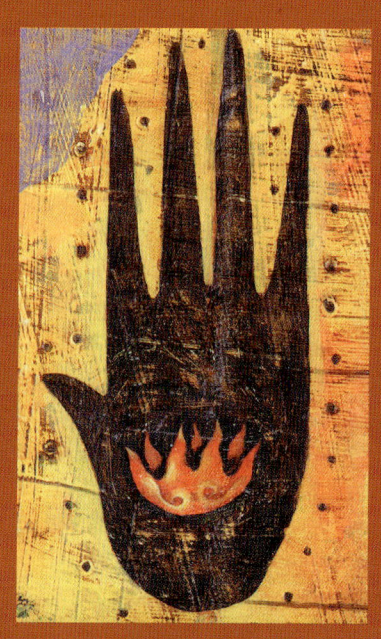

EINFÜHRUNG | REIKI-HEILKUNST UND

DIE SEELENBILDER DER REIKI-KARTEN

Die Heilkunst, die wir unter dem Namen Reiki (sprich: Re-ki) kennen, wurde im 19. Jahrhundert von dem japanischen Gelehrten Mikao Usui wiederentdeckt. Sein Interesse an den Methoden großer Heiler wie Jesus, Buddha und anderen brachte Dr. Usui darauf, alle bekannten – christlichen, altjapanischen und chinesischen – Schriften zu lesen, um herauszufinden, wie Heilung vor sich geht. Er beschäftigte sich eingehend mit den alten Heilformeln und Symbolen Tibets und stieß dabei auf eine in Sanskrit verfaßte Anweisung. Doch weder er noch irgend jemand anders konnten die in dieser Formel beschriebenen Heilungen wirklich nachvollziehen.

So begab er sich auf der Suche nach spirituellen Antworten zum Kuriyama-Tempel auf dem heiligen Berg Kuriyama im japanischen Kyoto. Dort verbrachte er geraume Zeit ganz allein und maß die Zeit mit Hilfe von 21 kleinen Steinen, die er auf dem Boden ausgelegt hatte und von denen er jeden Tag einen fortnahm. In dieser Zeit las er die Sutren, chantete, meditierte und fastete. Nichts geschah, doch sein Vertrauen war unerschütterlich.

Wie es so oft geschieht, wurde sein Glaube erst am Morgen des letzten Tages belohnt. Er sah, wie sich ein strahlendes Licht mit großer Geschwindigkeit auf ihn zu bewegte. Es wurde größer und größer, und er fürchtete, sterben zu müssen, sobald es auf ihn prallte. Doch statt ihn zu töten, traf ihn das Licht mitten auf die Stirn. Dies war sein spirituelles Erwachen. Es heißt, er habe die Farben Blau, Weiß und Purpur in Form von Blasen gesehen, und in diesen Blasen hätten sich die vier Sanskrit-Symbole befunden, in goldenem Glanz. Als ihn die Erleuchtung traf, fühlte er sich plötzlich kraftvoll und energiegeladen. Beim Herabsteigen vom Berg konnte Dr. Usui bereits mit Hilfe der Symbole drei Heilungen an sich selbst vollziehen und sah seinen Glauben an die heiligen Heilsymbole bestätigt.

Dr. Usui begab sich daraufhin in das Armenviertel von Kyoto und begann, Menschen zu heilen, doch bald merkte er, daß viele nach der Heilung einfach ihr früheres Leben, ihre frühere »Krankheit«, wieder aufnahmen. Aufgrund dieser und anderer Erfahrungen entwickelte er zwei der wichtigsten Reiki-Regeln: Damit sich Heilung vollziehen kann, muß es einen Austausch von Energie geben; d.h., die Heilung muß für den Empfänger einen gewissen Wert darstellen. Zweitens muß damit eine Bewußtseinsveränderung einhergehen; d.h., der zu Heilende muß die heilende Energie in sich aufnehmen und im Unterbewußtsein bereit sein, sich durch sie verändern zu lassen.

Nach Tokyo zurückgekehrt, schuf Dr. Usui ein Heilsystem, das auf den alten taoistischen, damals weit verbreiteten Energiepraktiken beruhte. Sein System, bekannt als *Usui Shiki Ryoho* (Usui Natürliches Heilsystem) arbeitete mit Akupunkturpunkten, wobei die Hände auf jedes Chakra gelegt wurden, um Energieblockaden beim Empfänger aufzulösen. Da *Reiki* in Japan ein gängiges Wort ist, mit dem man viele Arten des Heilens und der spirituellen Arbeit bezeichnet, wurde aus Usuis Natürlichem Heilsystem *Usui-Reiki*. Bei der Ausbildung im Usui-Reiki werden die Symbole, die Prozedur und die heilende Energie in einer geheimen und heiligen Einweihungszeremonie vom Lehrer an den Schüler weitergegeben.

Das Wort *Reiki* besteht aus zwei japanischen Schriftzeichen: *Rei* bedeutet »Geist Gottes«, und *ki* »Lebenskraft«. *Rei* bedeutet auch das Wesen von »Allem-was-Ist«, allen Lebewesen und allen leblosen Dingen im Universum. Es ist spirituell gelenkte universelle Energie. Rei ist »Spirit«, der transzendentale Geist, den wir Gott nennen; es ist der Bereich reiner, schöpferischer Intelligenz, die alle Materie, alles Existierende hervorbringt. Genau diese Universelle Energie ist es, die in konzentrierter Form durch unsere Hände fließt, wenn wir mit ihnen heilen. *Ki* ist das Bewußtsein des menschlichen Körpers, die Energie der Lebenskraft. In verschiedenen Kulturen ist diese Lebenskraft als Prana, Mana, Elan vital oder Ka bekannt. *Ki* muß ungehindert in alle Teile von Körper-Geist-Seele fließen können, damit ein Mensch wirklich gesund sein kann.

Reiki beruht auf dem alten Naturgesetz, daß Krankheit oder Unwohlsein daher rührt, daß wir aus dem Gleichgewicht geraten sind und mit uns und dem Universum nicht mehr im Einklang sind. Reiki bringt die göttliche Energie des Universums und die Lebenskraft des Körpers zusammen und erzeugt so eine starke Kraft, die über die Meridiane, die Energiebahnen, in die Hände strömt. Beim Reiki-Heilen überträgt der Reiki-Praktizierende heilende Energie auf den Empfänger, indem er über dem vollbekleideten Körper eine Reihe von japanischen und tibetischen Symbolen zeichnet, die auf das Schwingungsfeld des Empfängers einwirken. In diesem elektromagnetischen Feld sind alle negativen Gedanken und Gefühle gespeichert, die an Körper, Geist und Seele anhaften. Reiki wirkt wie ein Katalysator, denn es führt dazu, daß solche Energien beschleunigt gelockert werden und die Negativität dadurch an die Oberfläche getrieben und aufgelöst werden kann.

Reiki unterstützt die körpereigenen Selbstheilungskräfte. Während des Heilens atmen wir gleichmäßig, regelmäßig und ganz natürlich. Wie unser Atem, fließt auch unser *ki* leicht, entspannt und rhythmisch. Reiki bringt den Körper ins Gleichgewicht, lockert dadurch blockierte Bereiche und stellt in Körper, Geist und Seele des Empfängers wieder den natürlichen Energiefluß her. Wenn uns zu kalt ist, erwärmt es uns. Ist uns zu warm, verschafft es uns Kühlung. Reiki macht uns wieder heil.

REIKI-HEILEN UND
DIE SEELENBILDER-REIKI-KARTEN

Durch meine Beschäftigung mit Reiki und zwei anderen bedeutenden Traditionen – der Lehre von den Archetypen nach C. G. Jung und dem Tarot, jenem alten Divinationssystem – kam ich auf die Idee, dieses Wissen auf der Basis der ursprünglich aus Japan stammenden Shinto-Religion zu verbinden. Daraus entstanden die archetypischen REIKI-KARTEN. Ich habe die Erfahrung gemacht, daß die Kombination dieser Systeme ein kraftvolles neues Instrument zur Heilung sowie zur persönlichen und spirituellen Transformation darstellt. Wie der Tarot sind auch die REIKI-KARTEN in ihrer Bedeutung vielschichtig. Wenn du dich ihnen bei der Arbeit unbefangen näherst, wirst du neue Ebenen der Weisheit entdecken.

Archetypen sind universelle Energiemuster, etwa zu vergleichen mit dem Muster unserer DNS. Archetypen bzw. Energieformen gibt es für alle menschlichen Eigenschaften und Verhaltensweisen. Die Mona Lisa beispielsweise ist ein Archetyp der rätselhaften Frau, und eine besonders geheimnisvolle Frau in unserem Leben würde diesem Archetyp entsprechen. Ein weiterer Archetyp ist etwa die Liebe: Die individuelle Art, wie ich Menschen oder Tiere liebe, füllt dieses Energiemuster. Archetypen verändern sich während wir heranwachsen und uns weiterentwickeln. Auch das Gebet ist eine archetypische Energieform, und die Art und Weise, wie ich beispielsweise als Kind betete, veränderte sich, als ich erwachsen wurde.

Archetypen wirken in der Psyche dergestalt, daß sie die Vereinigung der Gegensätze – positiv und negativ, dunkel und hell – in uns ermöglichen wollen. Und Wachstum erleben wir genau in dem Augenblick, wenn wir die Spannung zwischen widerstreitenden Kräften auflösen. Die Arbeit mit den archetypischen REIKI-KARTEN hilft uns, die Spannung – symbolisiert durch die Archetypen der Heilkarten und wie wir mit ihnen umgehen – in uns zu erkunden und aufzulösen. Durch die Arbeit mit den Seelenbildern auf psychologischer, emotionaler und spiritueller Ebene heilen wir unsere Widersprüchlichkeiten.

Die REIKI-KARTEN bestehen aus 28 Seelenbildern. Ihre Begriffe gehen auf die Reiki-Tradition, auf Shintopraktiken und allgemeingültige spirituelle Lehren zurück. Jede Karte repräsentiert einen Archetyp, der für unsere Heilarbeit wichtig ist, und jede ist mit Reiki-Energie aufgeladen worden.

Die 28 Karten bilden vier natürliche Gruppen zu je sieben Karten: Jede Gruppe stellt einen Zyklus, einen kleinen Pfad zu spirituellem Wachstum dar.

1. ZYKLUS:
DIE SYMBOLE – TORE ZUM ERWACHEN

In der Reiki-Tradition erhält man den Zugang zur Kraft durch das im 1. Zyklus beschriebene Symbolsystem. Jedes Symbol ist ein Mantra für sich (eine heilige Formel, mit der man die Gottheit anruft), das unterschiedliche Formen der Erleuchtung repräsentiert, und jedes hat seine eigene Heilkraft. Jedes Symbol ist in sich vollkommen, aber wenn wir den Zyklus als spirituelle Übung durcharbeiten, bewegen wir uns von dem Punkt, wo wir sozusagen das LICHT einschalten und unser dunkles Selbst umarmen, auf die innere Ganzheit zu.

2. ZYKLUS:
AUF DEM PFAD ZU DEINER WAHRHEIT

Jede Karte in diesem Zyklus repräsentiert eine Eigenschaft, die bei der spirituellen Arbeit sehr erwünscht ist. Authentizität und Beherrschung der Emotionen sind Voraussetzungen für die spirituellen Werte des reinen Begehrens und der lauteren Absicht. Befinden wir uns in unserer spirituellen Mitte und öffnen uns der göttlichen Offenbarung, dann lernen wir dem Universum zu vertrauen und wachsen über unsere menschlichen Schwächen hinaus – zumindest immer öfter. Wenn wir diesen Pfad Schritt für Schritt verfolgen, führt er uns von dem Punkt, an dem wir die Verstellung aufgeben, um unsere Wahrheit zu finden, zur Transzendenz in allen Bereichen unseres Lebens.

3. ZYKLUS:
DURCH DAS TOR ZUR EINWEIHUNG

Die Karten des 3. Zyklus machen uns mit verschiedenen Kraftorten dieser Welt und ihrer spirituellen Bedeutung vertraut. Am Anfang steht unsere Bereitschaft, durch ein spirituelles Tor zu schreiten und das notwendige Reinigungsritual durchzuführen, bei dem wir die »weltliche« Kleidung ablegen und uns auf die heilende Reiki-Energie einstimmen. Wir lernen, unser Ego, unser weltliches Selbst, zu beherrschen, und zeigen Verehrung und Respekt für alle Dinge im Universum. Auf diese Weise kommen wir der Weisheit, nach der wir uns sehnen, immer näher. Mit jedem Schritt, den wir im 3. Zyklus der spirituellen Entwicklung machen, bekräftigen wir unsere Verpflichtung gegenüber dem »Heiligtum der Seele«, in welchem wir am Ende dieses Reiseabschnittes mit unserer eigenen Seele in Berührung kommen.

4. ZYKLUS: ÜBER DIE CHAKREN ZUR EIGENEN KRAFT FINDEN

Das indische Chakrensystem entspricht weitgehend dem endokrinen System des Körpers. Beim Heilen werden hauptsächlich die sieben wichtigsten Chakren behandelt, die auf einer Linie entlang der Körpermitte angeordnet sind. Dazu werden die Hände entweder direkt auf den Körper gelegt oder ein wenig darüber in der Aura gehalten. Bei der Arbeit mit den Archetypen der REIKI-KARTEN nutzen wir diese kegelförmigen Energiewirbel oder -zentren, um durch die Karten einen anderen, erhöhten Bewußtseinszustand hervorzurufen. Wir beginnen mit dem Wurzelchakra, das am unteren Ende der Wirbelsäule liegt und uns physische Energie gibt. Wir bewegen uns am Körper aufwärts zum Sakralchakra, das für Kreativität und Sexualität steht. Von hier aus finden wir durch unser Solarplexuschakra zur eigenen Kraft. Beim Herzchakra angelangt, lassen wir die Liebe zwischen uns, dem Universum und unseren Mitmenschen fließen. Sobald wir die Liebe kennen, können wir uns in die höheren Ebenen der Spiritualität bewegen. Wir beginnen, mit dem Göttlichen zu kommunizieren, erhalten Einblicke in den Sinn des Lebens und erreichen schließlich das Eins-Sein mit Allem Seienden.

Um die Kraft in den Chakren zu finden, meditieren wir über jede der Chakrenkarten, vom Wurzelchakra bis hinauf zum Kronenchakra, und bewegen uns so stufenweise durch diesen Energiezyklus. Die Chakren sind unser grundlegendes Wahrnehmungssystem, die Linse, durch die wir unsere Welt betrachten. Sind sie im Gleichgewicht, dann resultiert dies in optimaler Lebendigkeit und Gesundheit.

Du wirst in diesem Buch immer wieder Anregungen für die Arbeit mit den Karten finden. Sobald du die Kraft der Seelenbilder zu spüren beginnst, werden dir sicher selbst Methoden einfallen, wie du mit den REIKI-KARTEN arbeiten willst.

Wenn wir eine Karte ziehen und das Bild darauf betrachten, nehmen wir die dunkle wie auch die helle Seite dieses Archetyps (oder von uns) an. Wenn du beispielsweise die Karte »ABSICHT UND ZIEL« ziehst, wirst du mit den beiden Polen dieses Archetyps arbeiten. Der eine Pol von Wunsch und Absicht ist Reinheit und Klarheit (lautere Absicht/klares Ziel). Der entgegengesetzte Pol ist Böswilligkeit und Zufall beziehungsweise Ziellosigkeit. Liegt die gezogene Karte aufrecht, zeigt dir das, daß deine Absichten zwar lauter sind, du aber mit dem Kopf in den Wolken steckst und Erdung brauchst. Liegt die Karte umgekehrt, wirst du daran arbeiten wollen, Gefühle von Böswilligkeit aufzulösen. Wenn wir uns auf jeden Archetyp und seine Energie voll einlassen, integrieren wir beide Extreme in unsere Psyche; wir kommen ins Gleichgewicht und werden heil.

Denke immer daran, daß Heilen ein Prozeß ist. Aus materieller Sicht ist das Heilen eine Arznei für den physischen Körper, und die Krankheitsursache liegt im physischen Körper und der materiellen Welt. So gesehen wäre die Aufgabe eines Heilmittels, den physischen Körper wieder in seinen ursprünglichen Gesundheitszustand zu versetzen. Aus metaphysischer Sicht jedoch haben alle Krankheiten, Beschwerden und jedes Un-Wohlsein spirituelle Ursachen. Sie weisen auf eine Disharmonie, ein Abspalten, Zersplittern unserer spirituellen Natur hin. Die Wiederherstellung der Einheit, der wahren Gesundheit, ist nicht unbedingt mit körperlichem Gesunden gleichzusetzen, obwohl dies durchaus so sein kann.

Es ist wie bei einem Hologramm: Eine oder beliebig viele, »zufällig« gezogene Karten liefern Informationen über das Ganze, weil alles miteinander verbunden ist und voneinander abhängt.

Achte bei der Arbeit mit den Seelenbildern darauf, wie sich deine Hände auf eine bestimmte Karte – oder auch mehrere – hin- oder von ihr wegbewegen. Unsere Handchakren sind Zentren medialer Energie und bringen unser Unbewußtes spontan zum Ausdruck. Achte auf Empfindungen von Wärme und Kälte, achte darauf, ob deine Hand wie magnetisch von einer bestimmten Karte angezogen wird, achte auf Kribbeln oder kleine elektrische »Schocks«, ein Gefühl wie von feinen Nadelstichen oder das Platzen kleiner Bläschen auf deiner Haut. Während der Arbeit mit den Reiki-Karten spürst du vielleicht sogar, wie das *ki* tief und rhythmisch in dir pulsiert, oder erhältst tiefe Einblicke in deine Befindlichkeit, deine Lage oder die eines anderen. In diesem Moment weißt du, daß du mit der schöpferischen Energie des Universums in Kontakt gekommen bist.

1 VORBEREITUNG

Immer wenn wir heilen wollen, müssen wir zuerst zu uns kommen, damit wir die Stimme der Intuition hören können. Hast und Eile lassen nämlich die Stimme unseres Egos allzu laut werden. Heilungsarbeit setzt auch voraus, daß wir uns dafür einen geheiligten Raum schaffen – dies kann ein besonderes Zimmer sein, eine Zimmerecke oder ein Lieblingsplätzchen draußen in der Natur. Die Wahl liegt bei dir. Und überlege, wie du in dir selbst einen geheiligten Raum schaffen kannst.

EINEN GEHEILIGTEN RAUM SCHAFFEN

WEIHE DEN RAUM. Den Raum weihen bedeutet, daß wir ehrfurchtsvoll unsere Absicht kundtun, diesen Raum von anderem Raum abzugrenzen und ihn dieser besonderen Arbeit zu widmen. Dies kann beispielsweise einfach darin bestehen, daß du laut sagst: »Ich (dein Name) widme mich und diesen Raum der Arbeit, die zu tun ist.«

NIMM DIR ZEIT. Unterbrechungen stören den Energiekreislauf. Sorge dafür, daß du für die Arbeit mit den REIKI-KARTEN eine Zeitlang Ruhe hast und nicht gestört wirst – das können fünf Minuten oder drei Stunden ein. Die Entscheidung liegt bei dir.

ERRICHTE EINEN ALTAR. Ein Altar ist eine wichtige Hilfe, um sich zu sammeln und zu erden. Der Altar kann einfach ein Tisch, ein großer flacher Stein oder ein Platz am Boden sein. Schmücke ihn mit Gegenständen, die für dich ganz besonders bedeutungsvoll oder kostbar sind, z.B. Fundstücke oder Geschenke von einem besonderen Menschen. Ordne sie so an, wie es dir gefällt. Den Altar könntest du schmücken mit Kerzen, Bildern, Statuen, Steinen, Federn, Karten, ätherischen Ölen, einem Lieblingspendel und beliebigem Lese- oder Schreibmaterial.

FÜHRE EIN RITUAL DURCH. Rituale unterstützen eine spirituelle Disziplin. Ein Gebet kann ein Ritual oder Teil eines Rituals sein. Rituale sind Übergangshilfen, damit das Bewußtsein abschalten und das Unterbewußte in den Vordergrund treten kann. Ein Ritual ist schon, eine Kerze anzuzünden oder einen kleinen Gong erklingen zu lassen. Damit wird deine Aufmerksamkeit auf dein konkretes Vorhaben gelenkt und du auf die spirituelle Arbeit fokussiert, die vor dir liegt.

Rufe ein höheres Wesen an. Sprich zu Beginn deiner Sitzung ein Gebet oder eine Invokation. Sprich die Worte laut aus und rufe deinen Gott, Geistführer oder andere spirituelle Helfer an, die du brauchst.

Formuliere eine Absicht. Formuliere deine Absicht, am besten laut, mit der Bitte um das Gewünschte. Bringe deine Bitte im Präsens vor, als wäre sie bereits erfüllt, z.B.: »Ich lade Fülle in mein Leben ein. Ich habe genug (Zeit) für alles, was ich tun will. Es gibt genug (Liebe), damit ich all das sein kann, was ich sein will.«

Wähle deine Hilfsmittel. Bevor du deinen geheiligten Raum betrittst, überlege dir, welche/s spirituelle/n Hilfsmittel du für deine Absicht und deinen Wunsch brauchen wirst. Das kann ganz einfach ein Gebet sein oder auch eine Kartenbefragung, ein spiritueller Text oder anderes, was dir die Kommunikation mit dem Göttlichen erleichtert.

Beende deine Heilsitzung mit einem Gebet, und danke für alles, was dir gegeben wurde.

DIE KARTEN SEGNEN

Wenn du ein neues Kartendeck oder ein anderes spirituelles Werkzeug zum erstenmal benutzt, dann nimm dir Zeit, es zu weihen oder zu segnen, damit es von deiner Energie und der der dich umgebenden Geisthelfer durchdrungen wird. Nimm dein noch ungeöffnetes Kartendeck, und lege es auf deinen Altar. Sprich ein besonderes Segnungsgebet, wie: »Lieber Gott, liebe Geistführer, ich widme mich und diese Karten eurem Werk. Ich bitte um euren Segen und eure Hilfe während der Arbeit, die vor mir liegt. Bleibt immer bei mir und laßt nur positive Energie durch diese Karten zirkulieren. Amen. So sei es. Es ist vollbracht.«

Dann decke die Karten auf, und nimm sie der Reihe nach in die Hand, damit sich deine individuelle Energie mit der der Karten mischt. Lasse dabei nur positive Gedanken zu, und nimm dir vor, Werkzeug des »Guten« zu sein.

DAS DECK MISCHEN

Falls du nicht eine andere Methode bevorzugst, mische die Reiki-Karten so, wie du es intuitiv für richtig hältst. Drehe dann die Hälfte der Karten auf den Kopf, so daß nachher beim Auslegen manche aufrecht und andere umgekehrt daliegen. Die Bereitschaft, sich ganz bewußt auch die andere Seite eines Archetyps, einer Eigenschaft oder eines Prinzips anzusehen, ist ein ganz wichtiger Akt des Vertrauens. Anschließend mischst du die Karten noch einmal.

Du kannst die archetypischen REIKI-KARTEN auf vielerlei Arten benutzen. In diesem Buch stelle ich sechs Vorschläge für die praktische Arbeit vor: die tägliche Befragung; die intuitive Befragung; Befragungen, bei denen du direkt in deine Mitte, dein *Tantien*, gehst; Befragungen, bei denen du deine Geistführer anrufst; Divination und Legungen als Meditationshilfe.

Probiere jede dieser Praktiken aus, und bleibe bei denen, die für dich am besten funktionieren. Natürlich kannst du dir auch selbst Methoden ausdenken. Deiner Phantasie sind keine Grenzen gesetzt!

1: DIE TÄGLICHE BEFRAGUNG

REIKI-KARTEN eignen sich für die alleinige tägliche Praxis, sie lassen sich aber auch mit anderen Praktiken kombinieren. Einige Leute legen sie morgens, manche abends – entscheide, was dir am besten paßt. Wichtig ist, daß du es jeden Tag tust, um deine spirituelle Praxis zu schulen und weiterzuentwickeln.

BEFOLGE DIE ALLGEMEINEN SCHRITTE ZUR »VORBEREITUNG« (SEITE 15)

LEGE ALLE KARTEN AUS, verdeckt und fächerförmig, und ziehe aufs Geratewohl eine.

LEGE DIE KARTE verdeckt vor dich hin und sprich ein kurzes Gebet.

BITTE DEINE HELFER , dich zu begleiten und dein Denken und Fühlen auf eine bestimmte Frage zu lenken oder dir einfach für den heutigen Tag einen Fokus zu geben, etwa – wie ich es oft tue –: »Erleuchtet meinen Weg und lenkt meine Füße auf den Weg der Wahrheit.«

Wir dürfen uns nicht mit dem Üben zufriedengeben. Nicht das Üben allein läßt uns … frisch und klar werden …, sondern unsere Bereitschaft, zu experimentieren, uns Gott zu nähern und dabei alte Konditionierungen, Überholtes und Vergangenes hinter uns zu lassen … Was zählt, ist das Herz, das die wahrhaft wichtige Übung macht.

Stephen Levine

MEDITIERE über die Karte. Drehe die Karte um, und betrachte sie, ohne nachzudenken. Verlagere deine Aufmerksamkeit vom Kopf durch deinen Körper in den Ruhepunkt unterhalb des Nabels, dein Tantien, hinunter. Meditiere von diesem Ruhepunkt aus über die Karte, solange du willst – ein paar Momente oder eine halbe Stunde –, es ist dir überlassen.

NOTIERE deine Eindrücke zur Karte und die Antwort, die sie dir gegeben hat, in einem Tagebuch.

LIES die Botschaft der Karte in der zweiten Hälfte des Buches nach. Achte darauf, welche Wörter dich »anspringen« und welche dein Innerstes ansprechen. Gehe über die konkrete, wörtliche Bedeutung hinaus – erspüre den Geist der Worte und den Raum zwischen den Worten, wo sich Geist bewegt. Wenn du dich tiefer einlassen möchtest, führe die vorgeschlagene Meditation durch.

NOTIERE WIEDERUM. Du wirst eine deutliche Antwort erhalten. Wenn die Antwort nicht klar erscheint, steht dieses bestimmte Thema, diese Situation entweder jetzt nicht an oder du mußt dazu noch mehr innere Arbeit leisten.

2 : DIE INTUITIVE BEFRAGUNG

Die Intuition ist bei der Arbeit mit den Seelenbildern unsere Verbündete; sie führt uns genau an die Aufgabe heran, die wir erledigen müssen, und leistet dabei wertvolle Unterstützung.

Die Intuition ist unser inneres Wissen. Sie kommt über eine sanfte, leise innere Stimme zu uns, und dies stets nur zu unserem Besten, obwohl intuitive Botschaften uns durchaus herausfordern und von einem Weg abbringen können, dem wir meinten folgen zu müssen. Intuitive Information führt niemals in die Irre. Wollen wir bewußt an der Weiterentwicklung unserer Seele arbeiten, so müssen wir darauf vertrauen, daß unsere Intuition eine aus unserem tiefsten Innern kommende spirituelle Form der Kommunikation ist. Wenn wir unserer Intuition vertrauen, wird sie uns zum rechten Zeitpunkt zu dem rechten spirituellen »Werkzeug« führen. Aber wir müssen die tägliche Vorarbeit dazu leisten!

INTUITION BEI DER ARBEIT MIT DEN SEELENBILDERN

Wenn du die Stimme der Intuition durch die REIKI-KARTEN hören willst, folge den allgemeinen Schritten zur »VORBEREITUNG« (Seite 15).

MISCHE DAS GANZE DECK. Formuliere deine Frage sorgfältig und konkret. »Meine liebe Intuition: Sag mir, was ich mit ….. tun soll« oder »Was will mir ….. heute in meinem Leben sagen?« Oder – wenn du eine allgemeinere Antwort willst: »Was hat mir meine Intuition heute zu sagen?«

Ziehe zwei Karten. Lege sie verdeckt vor dich hin, die eine links, die andere rechts. Die Karte links ist eine allgemeine Antwort, die rechte Karte ist konkreter.

Meditiere. Schreib ein Tagebuch. Lies die Botschaften der Karten. Schreib wieder Tagebuch. Du wirst eine klare Antwort bekommen. Wenn du mehr Klarheit brauchst, solltest du um weitere Erhellung bitten, etwa einfach so: »Ich brauche Erhellung zu diesem Thema, bitte.«

Bedanke dich bei der Stimme deiner Intuition dafür, daß sie heute zu dir gesprochen hat.

3 : DIE SEELENBILDER UND DAS TANTIEN

Das Tantien, Kraftzentrum im Körper, liegt direkt über dem Schambein und etwa 12 cm unterhalb des Nabels. Es hat verschiedene Namen: Hara, Ruhepunkt, der Eine Punkt. Stelle dir das Steißbein oder das Ende der untersten fünf Wirbel vor: Das ist das Tantien.

Dieser Punkt hat keine feste Größe oder Lage, obwohl wir ihn auf bestimmte Art visualisieren können. Seine Lage verschiebt sich immer dann weiter nach unten, wenn sich der Oberkörper nach vorn oder hinten neigt, und dieser Punkt kann sich unendlich ausdehnen oder zusammenziehen. Er ist wie der tiefste Punkt in einem starken Strudel. Das Tantien wirkt wie ein Stern im kleinen: Es strahlt *ki* aus oder kanalisiert es aus allen Richtungen herein. Wenn wir uns auf diesen Punkt konzentrieren, können wir unseren ganzen körperlichen und seelischen Streß abgeben. Der Körper wird leicht und nahezu schwerelos, befreit von unnötiger Verspannung oder Einschränkung. Lasse das Gewicht eines jeden Körperteils ganz natürlich an seinen tiefsten Punkt sinken: Die Schwerkraft zieht ihn ganz automatisch, ohne unser Zutun, nach unten. Die Lebensenergie sitzt im Bauch, nicht im Herzen oder Kopf. Bevor du mit der folgenden Übung beginnst, ziehe drei Karten aus dem vollständigen Deck. Lege sie aufgedeckt vor dich hin, und betrachte sie eingehend. Bitte darum, die Energie des Tantien zu spüren und seine Botschaft zu hören. Mache dann die folgende Übung:

Die Übung kannst du im Sitzen oder Stehen machen. Halte die Wirbelsäule gerade, und stelle die Beine fest auf den Boden, während du tief aus dem Bauch heraus atmest.

Bilde mit deinen Händen ein umgekehrtes Dreieck – dabei berühren sich die beiden Zeigefinger unten und die Daumen oben – und lege es genau oberhalb deines

Schambeins auf den Bauch. Dies ist der Mittelpunkt bzw. das Tantien. Von diesem Punkt aus strömt der Atem des *ki*, und in diesem Zentrum kann man das *ki* sammeln oder im Körper oder der Umgebung verteilen.

Schliesse die Augen, und atme langsam und tief. Atme in deinen Unterleib hinein. Visualisiere das Tantien. Lasse deinen Atem in Form eines goldenen Flusses durch dein Tantien in deinen Körper eintreten. Sobald du einen tiefen Atemzug getan hast, halte den Atem eine Weile an und entlasse ihn dann, während du dir den goldenen Fluß vorstellst.

Sprich folgende Affirmation: »Ich bin völlig ruhig und in Frieden. Ich atme durch mein Tantien und ruhe im Herzen des Universums.«

Fühlst du, daß die Befragung abgeschlossen ist, betrachte wieder die drei Karten; nimm dein Reiki-Tagebuch heraus, und schreibe deine Erfahrungen auf.

4: ARBEIT MIT GEISTFÜHRERN

In der Reiki-Tradition heißt es, daß eine Gruppe von Menschen, die vor dem Buddhismus, zur Zeit der Bon-Religion, in Tibet lebten, spirituell sehr weit entwickelt waren und in die Zukunft blicken konnten. Sie ahnten unser Bedürfnis voraus und riefen ein Energiemuster ins Leben, das uns in dieser Zeit unterstützen sollte. Dieses Energiemuster war das Reiki von Dr. Usui. Das Verständnis für die geistige Welt ist bei Reiki ganz wichtig. Sobald wir in die Reiki-Energie eingeweiht sind, können wir uns jederzeit an all die Reikiführer, -lehrer und -meister wenden, besonders dann, wenn wir Reiki-Heilungen geben. Sie lassen uns niemals im Stich und stehen uns immer zur Seite. Es kann jemand durchaus ein oder zwei spezielle Reikiführer haben. Das sind unsere inneren Reikiheiler, die in Erscheinung treten, um uns bei dieser heiligen Arbeit helfen.

*Willst du deine Geistführer bei der Arbeit mit den archetypischen Reiki-Karten anrufen, dann ist dies eine gute Methode:

Folge den Anweisungen zur »Vorbereitung« (Seite 15).

Rufe deine geistigen Helfer an und stelle sie dir bildlich vor.

Um herauszufinden, welchen du für deine aktuelle Frage brauchst, mischst du die Karten und ziehst fünf, die du nach folgendem Muster auslegst:

Lege die erste Karte verdeckt auf den Tisch.
Lege die zweite Karte verdeckt in eine neue Reihe links von dir.

Lege die dritte Karte verdeckt in die Mitte der Reihe.

Lege die vierte Karte verdeckt rechts in die Reihe.

Lege die fünfte Karte verdeckt in eine neue Reihe darunter.

Die erste Karte bezieht sich auf die aktuelle Frage. Die zweite ist der Geistführer, dessen Hilfe du zu dieser Frage bislang, in der jüngsten Vergangenheit, in Anspruch genommen hast. Die dritte Karte ist der Geistführer der Gegenwart, der dir in der Frage jetzt beisteht. Die vierte Karte stellt den künftigen Geistführer dar, der in naher Zukunft in dein Leben treten wird, um dir bei dieser Angelegenheit zu helfen. Die fünfte Karte ist die Lektion, die es zu dem Thema zu lernen gibt.

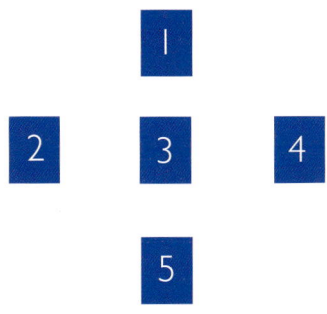

NACH DER AUSDEUTUNG bedanke dich bei deinen Geistführern, und wende dich mindestens die nächste Woche über vor allem an die, die dir bei dieser Angelegenheit helfen werden.

5: DIVINATION – DIE KARTEN ALS ORAKEL ODER ALS GEISTIGE HELFER

Orakel sind auch eine Art Geistführer. In der ganzen Menschheitsgeschichte sind offenbar schon immer Orakel befragt worden. Sie sind Botschafter Gottes und können uns auf unserem Weg weiterführen. Ein Orakel bringt dich immer deinem eigenen höchsten Ziel näher und wird dabei niemand anderen auf seinem Weg behindern.

Orakel offenbaren sich uns meistens in Form von Zeichen oder Symbolen. Das Orakel von Delphi ist wohl das bekannteste, aber auch Numerologie, Astrologie, das I Ching, Runen, Engelkarten und die archetypischen REIKI-KARTEN sind Orakelformen. Handlesen, Kraftorte, Tarotkarten und praktisch alles, was man in der Natur finden kann, hat Orakelfunktion.

Eine Orakelbotschaft kann durch unser Herz, den Verstand oder die Intuition vermittelt werden.

Wenn sich die Botschaft richtig anfühlt, wenn sie im Einklang mit deinem Innersten schwingt, kannst du ihr vertrauen. Wie immer müssen wir bei der Orakelbefragung oder der Interpretation von Botschaften sehr achtgeben, daß wir uns nicht wie ein Messias gebärden. Zu jeder spirituellen Praxis gehört Demut!

Für eine Orakelbefragung kannst du jede Methode oder jedes Legemuster verwenden, aber es gibt ein paar konkrete Dinge, die du tun kannst, um deine Beziehung zum Orakelwissen zu stärken:

Denk daran, daß Gott die Quelle ist. Das Orakel ist nur der Mittler.

Habe Geduld im Umgang mit einem Orakel.

Nähere dich ihm mit Ehrfurcht und Demut.

Führe die Divination in einem bestimmten Ablauf, einem rituellen Rahmen durch.

Tue deine heilige Absicht kund, wenn möglich laut.

Stelle nicht zweimal hintereinander dieselbe Frage. Du kannst allerdings um Erhellung bitten. Wer immer wieder dieselbe Frage stellt, beweist damit, daß ihm der Glaube fehlt.

Mache dich nicht von den Botschaften des Orakels abhängig.

Überprüfe immer mit deinem eigenen inneren Wissen.

Schließe mit einem Dankgebet für die erhaltene Hilfe ab.

6: DIE KARTEN ALS MEDITATIONSHILFE

Meditation ist die Grundlage aller spirituellen Disziplinen. Auch ist sie eine äußerst wohltuende körperliche und emotionale Übungsmethode. In der Meditation versuchen wir, die Kontrolle durch das Bewußtsein, unser Ego, auszuschalten. Wir gestatten uns, uns zu entspannen, und lassen unsere fragmentierten Einzelteile wieder zusammenwachsen und heil werden. Meditation ist nicht nur erweitertes Wissen, sondern erweitertes Sein, und es gibt so viele Meditationstechniken, wie es spirituelle Lehrer gibt. Sie bringt uns mit unserem tiefsten Selbst und unserer Quelle in Verbindung. Meditation beruhigt und bündelt unser Leben und verbindet uns mit Gott und anderen Menschen. Wir wollen uns ein paar Prinzipien der Meditation ansehen, wie sie bei der Vertiefung unserer Arbeit mit den REIKI-KARTEN eingesetzt wird.

Das Unterbewußte kennt den Unterschied zwischen »realer« und »eingebildeter« Information nicht. Willst du Veränderung, so mußt du in der Meditation an dein (nichtdenkendes) Unterbewußtes herankommen.

Benutze alle Sinne und alle Farben, damit die Meditationen lebhaft und real werden.

Entscheide, wie du am leichtesten Zugang zu Informationen bekommst. Wir setzen alle Modalitäten ein, aber meistens hilft eine davon individuell am besten.

Wenn du Informationen visuell verarbeitest (Bilder siehst), benutze das Wort »Sehen«.

Wenn du eher kinästhetisch wahrnimmst (deine Körperempfindungen im Raum spürst), sag: »Fühlen«.

Wenn du ein auditiver Typ bist (Anweisungen eher hörst), sag »Hören«.

Wenn du ein Wissender bist (einfach etwas tief in dir »weißt«), sag: »Wissen«.

Wenn du in erster Linie deine Vorstellungskraft einsetzt (ausmalst, denkst, intuitiv erspürst, folgerst), sag: »Vorstellen«.

Benutze zum Einstieg eine Entspannungstechnik, um Zugang zu deinem Wesenskern zu bekommen. Eine Möglichkeit ist folgende: Entspanne deinen Körper. Entspanne deinen Geist. Atme dreimal tief, rhythmisch, natürlich und leicht ein und aus. Laß die Zeit los. Dir steht alle Zeit der Welt zur Verfügung.

DENKE NICHT. Sei nur still. Wenn Gedanken aufziehen, laß sie sanft an deinem Bewußtsein vorbeifließen. Und atme.

BEGIB DICH AN EINEN ORT tief in deinem Innern. Dies ist ein ruhiger Ort, ein sicherer Ort, ein heiliger Ort. Er liegt tief in deinem Inneren. Sei jetzt dort. Und atme.

Sieh, fühle, wisse, stelle dir von diesem Raum aus vor ... (benutze deine bevorzugte Wahrnehmungsmethode).

NACH EINER GEWISSEN ZEIT kannst du diesen Vorgang abkürzen: Versetze dich an den ruhigen, sicheren, heiligen Ort, der dir nun schon vertraut ist. Sei jetzt dort. Atme tief ein und aus. Mit ein wenig Übung kannst du dich einfach in einen heiligen Raum »hineinatmen«. Bestätige die Anwesenheit deines Höheren Selbst und deiner geistigen Helfer. Sei jetzt dort. Atme in diesen Raum hinein.

NACH JEDER »INNEREN REISE« kehre in den Alltag zurück: Bringe dich bewußt ins Hier und Jetzt, strecke dich, und stelle die Füße fest auf den Boden.

Bei der Meditation mit den REIKI-KARTEN ziehst du eine Karte und meditierst darüber – entweder mit einer konkreten Frage im Sinn, oder um allgemeine Führung zu erhalten. Die Karte kann dir einen »Fortschrittsbericht« geben.

Bewahre die Karte, die du gezogen hast, getrennt vom Deck auf, und meditiere eine Woche lang täglich über sie. Denke während dieser Zeit an die Prinzipien, die sie symbolisiert, vertiefe jeden Tag deine Meditation, und intensiviere deine Anwendung (wie sich diese Prinzipien konkret auf dein Leben anwenden lassen).

Die REIKI-KARTEN sind vielseitig und flexibel. Wenn du sie täglich benutzt, kommt dies jeder spirituellen Praxis, die du dir geschaffen hast, zugute. Spirituelle Arbeit ist etwas Geheimnisvolles, aber wir wissen, daß unsere Intuition entwickelt werden muß, wenn wir Zugang zu unserem tieferen Selbst erlangen wollen. Wir erkennen das Tantien als ein spirituelles Zentrum in uns, das wir durch Üben erschließen können. Mit Hilfe der Karten können wir Kontakt mit unseren Geistführern aufnehmen und sie jeden Tag, jede Woche oder jeden Monat bei der Divination um Hilfe bitten. Auch als Meditationshilfe eingesetzt, zeigen die REIKI-KARTEN verblüffende Ergebnisse. Ich werde zwar noch weitere Methoden vorstellen, aber bei der Grundpraxis setzen wir alle bisher besprochenen Methoden ein.

3	ZEHN
	LEGEMUSTER

In diesem Kapitel werden wir uns mit zehn Legemustern für die archetypischen REIKI-KARTEN befassen. Jedes Legemuster, das die Arbeit mit den Karten abwechslungsreicher und interessanter werden läßt, erfüllt einen bestimmten Zweck, etwa wenn wir einen Richtungswechsel vornehmen wollen oder zu mehr Ausgewogenheit finden müssen oder wenn wir in unserer kreativen Arbeit stagnieren oder eine schöpferische Pause einlegen. Dazu mischen wir das Deck gründlich und legen einige Karten nach dem vorgegebenen Muster aus, das dann interpretiert wird. Diese Muster sind den Archetypen insofern ähnlich, als es sich dabei um leere Formen handelt, die wir nach Belieben und je nach unserer Absicht ausfüllen.

ALLGEMEINE HINWEISE
ZUM GEBRAUCH DER LEGEMUSTER

BEVOR DU EIN MUSTER LEGST, richte dir deinen heiligen Raum ein, und lege dir dein Reiki-Tagebuch zurecht.

MISCHE DIE KARTEN SO, wie du magst. Da es bei den Legemustern keine umgekehrt liegenden Karten gibt, solltest du alle Karten vor dem Mischen richtig herum ordnen oder sie umdrehen, wenn sie verkehrt herum erscheinen.

NACH DEM MISCHEN legst du den Kartenstapel verdeckt auf den Tisch und ziehst ihn fächerförmig auseinander.

LASSE DEINE HAND ÜBER JEDE KARTE GLEITEN, und halte bei jeder Karte inne, die dich anzieht. Vielleicht kribbelt deine Hand, wird warm oder kühler, oder du hast einfach ein bestimmtes Gefühl oder eine bestimmte Ahnung. Das ist die Karte, die dein Unbewußtes ausgesucht hat. Diese Karte ist für dein gewähltes Legemuster bestimmt. Folge dabei einfach deiner Intuition. Denke daran, daß deine persönliche Absicht und dein individueller Wunsch die Grundlage aller spirituellen Arbeit sind.

Da der Position der Karte in einem Legemuster größte Bedeutung zukommt, solltest du dich vergewissern, daß die Karten in der Reihenfolge zu liegen kommen, in der du sie gezogen hast.

DIE SCHWELLE ÜBERSCHREITEN

Dieses Legemuster hilft uns, über die Schwelle eines neuen Tages zu treten und herauszufinden, was dieser Tag für uns bereithält. Die Karte, die du ziehst, wird dir den Schatz des heutigen Tages zeigen, und wo und wie du beginnen kannst, sein Potential zu verwirklichen.

Ziehe eine Karte aus dem gemischten, fächerförmig ausgelegten Deck oder nimm die oberste Karte des gemischten Kartenstapels.

Drehe die Karte langsam um und erschließe dir die Bedeutung, die sie für dich und dein Leben hat. Halte deine Eindrücke in deinem Reiki-Tagebuch fest, und schlage anschließend den zweiten Teil des Buches auf, in dem die Botschaften der Karten erklärt sind.

Datiere und notiere deine abschließenden Gedanken und »Antworten«.

LICHT UND DUNKEL – POLARE ENERGIEN

Mische das Deck erneut, und ziehe zwei Karten, während du dir heute zwei unterschiedliche Energien vorstellst. Lege die Karten einander gegenüber. Sie haben eine der folgenden Aufgaben:

Sie zeigen dir deinen Goldenen Schatten bzw. dein positives Potential, und deinen Dunklen Schatten, dein negatives Potential.

Sie zeigen dir zwei Wahlmöglichkeiten oder zwei Alternativen.

Sie zeigen dir deinen Konflikt.

Sie zeigen dir die beiden polaren Energien, die du zusammenführen mußt.

EIN DYNAMISCHER PROZESS

Mische das Deck, und ziehe drei Karten, während du dir bewußt machst, daß deine Spiritualität ein dynamischer Prozeß ist. Lege die Karten in Form eines Dreiecks in der Reihenfolge aus, wie du sie gezogen hast. Die Karten zeigen dir dann eines oder mehrere der folgenden Dinge:

1. Den Anfang, die Mitte und das Ende deines aktuellen Projekts.
2. Vergangenheit, Gegenwart und Zukunft.
3. Jedes Dreieck oder jede Dreiheit oder Dreieinigkeit, die heute in deinem Leben wirksam wird.

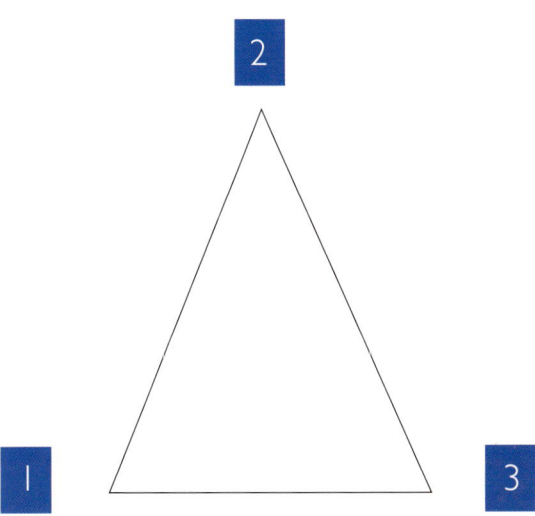

EINE SCHÖPFERISCHE PAUSE

Mische das Deck, und ziehe dann vier Karten, während du dir bewußtmachst, daß du in deinen Bestrebungen eine bestimmte Stufe erreicht hast und nun eine schöpferische Pause einlegst. Lege die Karten in Form eines Quadrats aus. Sie werden in der nachstehenden Reihenfolge auf ein Muster hinweisen:

1. Was sich vollendet.
2. Was die Grenzen der Situation sind.
3. Deine innere Organisation in bezug auf die anstehende Frage.
4. Wie du die Veränderungen in dein Leben integrieren kannst.

RICHTUNGSWECHSEL

Mische das Deck, und ziehe fünf Karten, wenn du die Gelegenheit hast, deinem Leben aktiv eine andere Richtung zu geben. Lege die Karten in Form eines fünfzackigen Sterns aus. Du siehst dann:

1. Was dich erdet und wonach du strebst.
2. Wo du handeln sollst.
3. Worum es bei deinem inneren Kampf geht.
4. Wie du deine persönliche Vision in der Außenwelt verwirklichen kannst.
5. Welche Prüfungen auf dich in deiner jetzigen Lebenslage zukommen.

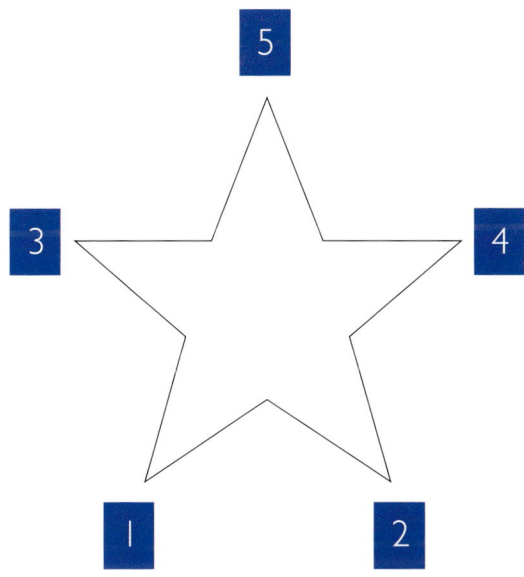

Mische das Deck und ziehe sechs Karten, während du dir bewußtmachst, daß in deiner kreativen Arbeit nach dem Abschließen einer Phase, eines Projektes (das kann sein: ein kreatives Projekt umsetzen, ein Kind zur Welt bringen, einen Tag gestalten u. ä.) ein Stillstand eingetreten ist. Lege die Karten in Form des Yin-Yang-Symbols aus (siehe Abbildung). Sie teilen dir folgendes mit:

1. Die polaren Kräfte in deinem Herzen, die du zusammengeführt hast.
2. Wo du dich nach Führung umsehen sollst.
3. Was in deinem Leben im Gleichgewicht ist.
4. In welcher Richtung sich deine Spiritualität vertieft.
5. Was in deinem Leben oder deinem Innern nach Integration verlangt.
6. Wohin du von diesem Punkt aus weitergehen sollst.

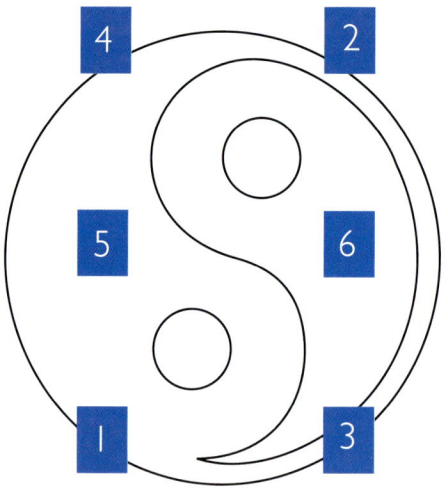

EIN ABSCHLUSS UND NEUE PRÜFUNGEN

Mische das Deck, und ziehe sieben Karten, während du dir bewußtmachst, daß etwas geklärt worden ist. Lege die Karten in Form eines Regenbogens aus (siehe Abbildung), und sie werden dir sagen:

1. Welche Prüfungen du im Moment zu bestehen hast.
2. Welche Hindernisse es derzeit für dich gibt.
3. Wo du einen Zuwachs an Energie, Ideen oder Einblicken haben wirst.
4. In welcher Weise du in deiner jetzigen Situation Bewegung finden wirst.
5. Wer in dieser Situation dein Lehrer ist.
6. Wie du deine Vorstellungen entwickeln kannst.
7. Welchen Rat dir dein Höheres Selbst zu dieser Situation gibt.

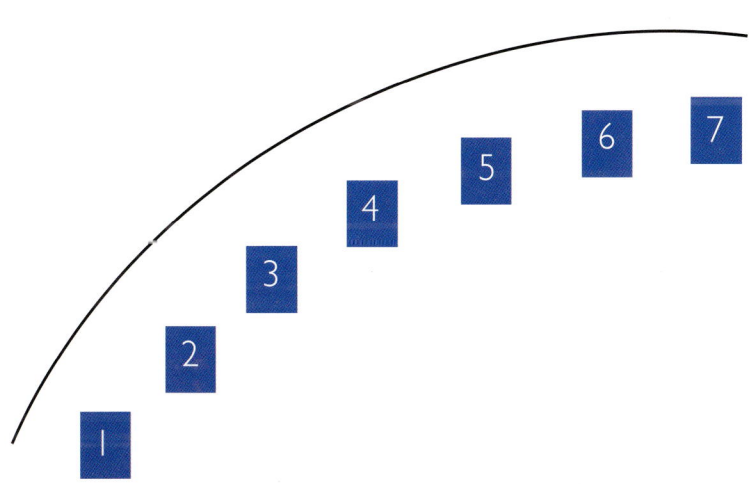

AUSGEWOGENHEIT

Mische das Deck, und ziehe acht Karten, wenn du den Eindruck hast, daß dein Leben zum jetzigen Zeitpunkt recht ausgewogen und harmonisch ist oder, im Gegenteil: daß du dringend Ausgewogenheit und Harmonie brauchst. Lege die Karten in Form des Unendlichkeitssymbols aus, und sie werden dir sagen:

1. Was stabilisiert wurde.
2. Was wieder in dein Leben oder zu dir zurückkommt.
3. Was der nächsten bedeutsamen Veränderung in deinem Leben oder in dir vorausgeht.
4. Eine dir unmittelbar bevorstehende Entscheidung.
5. Eine Entweder-Oder-Wahlmöglichkeit oder eine andere Alternative.
6. Die Lösung für beide.
7. Wo du neue Werte und Prioritäten setzen mußt.
8. Den nächsten Schritt vor dem »Neu-geboren-Werden«.

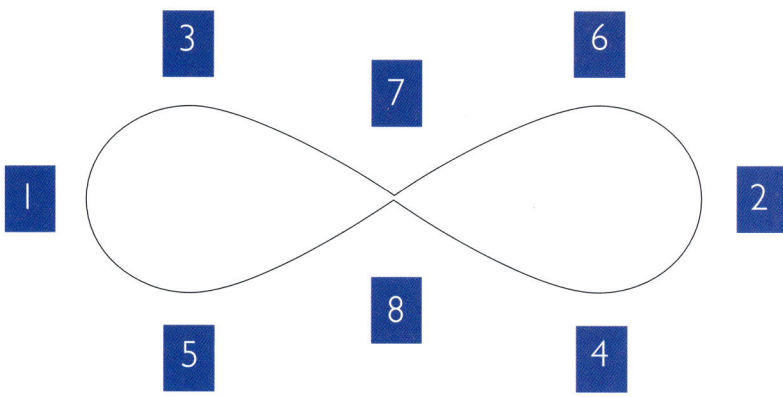

GEISTFÜHRER

Mische das Deck, und ziehe neun Karten, während du bewußt die wohlwollende Gegenwart spiritueller Wesen in deinem Leben spürst. Lege die Karten in Form von drei sich überschneidenden Kreisen aus, und du wirst folgendes erfahren:

1. Die Frage, um die es geht.
2. Dein bewußter Wunsch.
3. Dein unbewußter Wunsch.
4. Worum es bei deiner inneren Erfüllung geht.
5. Was deine innere Weisheit sagt.
6. Wo du erfolgreich gewesen bist.
7. Was sich in diesem Moment in deiner Lebenssituation oder in dir selbst gerade zusammenfügt.
8. Was vor einer Neugeburt integriert werden muß.
9. Wer dir an diesem Punkt des Lebens hilft.

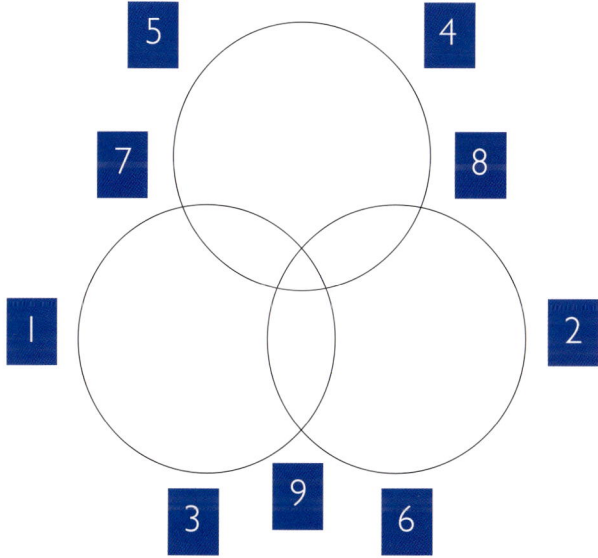

Mische das Deck, und ziehe zehn Karten, wenn du das Gefühl hast, zur Einheit zurückzukehren. Lege sie in Form zweier nebeneinanderliegender Hände aus, und du wirst folgendes erfahren:

1. Wann dieser Zyklus begann.
2. Den Zweck dieses Zyklus.
3. Was jetzt gerade einen Höhepunkt erreicht.
4. Was du willst oder dir wünschst.
5. Was dich zurückhält.
6. In jedem Ende liegt ein neuer Anfang. Diese Karte zeigt dir das Ende.
7. Was du nicht loslassen kannst.
8. Wogegen du dich auflehnst.
9. Eine Gruppe von Ältesten oder weisen Menschen gibt dir Rat und unterstützt dich. Diese Karte zeigt dir, wer sie sind.
10. Wie du den nächsten Wachstumszyklus beginnen kannst.

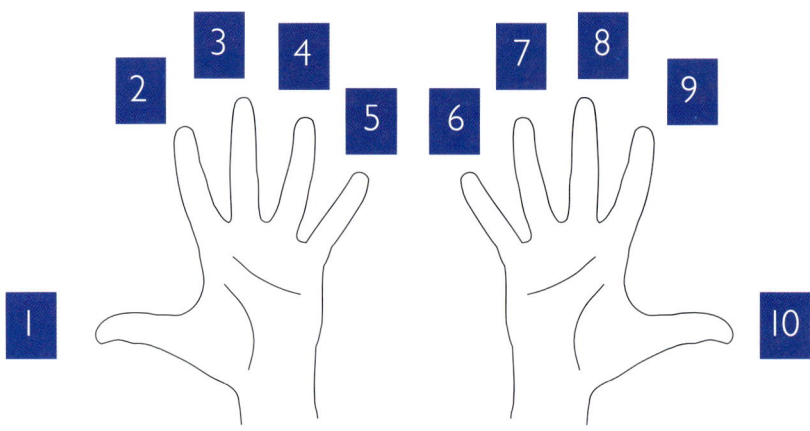

Wir benutzen Legemuster für jeden gewünschten Zweck. In Kapitel 4 »Seelenbilder: der Weg zu Ganzheit und Heilung« erfährst du mehr über deinen spirituellen Weg und darüber, woher du kommst und wohin du gehst.

4

SEELENBILDER:

DER WEG ZU GANZHEIT UND HEILUNG

In diesem Kapitel geht es darum, eine Landkarte deiner archetypischen spirituellen Entwicklung zu erstellen. Ziel dieser Arbeit ist es, deine Persönlichkeitsanteile zu integrieren, die polaren Energiekräfte in dir anzunehmen und dich in deiner Ganzheit – Geist, Körper, Herz und Seele – zu akzeptieren.

Die Seelenbilder helfen dir auf deinem Weg. Dazu folgst du dem heilenden Archetyp, wie er in der Vergangenheit in deinem Leben in Erscheinung getreten ist. Er kann in jeder konkreten Form auftreten: als »Zufälle«, die dich auf ganz bestimmte Art und Weise deiner Heilung zuführen; als Gesundheitskrise, die du oder ein dir nahestehender Mensch durchleb(s)t; als Entschluß, eine Heilarbeit zu leisten, in dem Beruf als Arzt etwa oder Lehrer, Krankenschwester, Mutter, Anwalt; als eine Nahtoderfahrung. Diese Erfahrungen sind die Lektionen, welche wir im Leben lernen sollen, denn jede von ihnen erfordert ein Heilen und ein Ganzwerden.

Wenn du über die Vergangenheit nachdenkst, kannst du eine neue Richtung finden und dabei immer noch dem heilenden Archetyp folgen, wie er sich dir jetzt, in deinem derzeitigen Leben, zeigt. Du kannst dich auch von den Karten auf einen zukünftigen Weg führen lassen.

Die Rad-Methode vermittelt dir ein Gesamtbild deiner individuellen Seele (deines Selbst) in bezug auf die Universelle Energie (Geist oder Spirit). Dazu benutzt du entweder das ganze Deck oder einen Teil. Nachdem du dir alle 28 Karten angesehen und deine Erfahrungen notiert hast, wird sich die Landkarte herausbilden. Die Methode »Erzähle eine Geschichte« zeigt dir, wie dein persönlicher Heilungsweg seinen Anfang nahm. Wenn du deine Vision in Metaphern aufschreibst (Bildern mit einer konkreten Bedeutung, z.B. »der Lebensabend«), wird die Landkarte auftauchen.

Wie bei den anderen in diesem Buch beschriebenen Methoden sind es auch bei dieser Arbeit mit den Seelenbildern jene Karten, die über einen bestimmten Zeitraum hinweg immer wieder auftauchen, die deine Aufmerksamkeit verdienen. Deshalb solltest du diese Arbeit an Wendepunkten in deinem Leben machen, wenn du spürst, daß gerade etwas Wichtiges geschieht, du aber nicht genau sagen kannst, was es ist.

Alle Karten sollten dieselbe Ausrichtung haben. Bei den folgenden Methoden gibt es keine umgekehrten Karten. Während dieser Sitzungen kannst du entweder mit dem ganzen oder mit einem Teil des Decks arbeiten.

Beginne jede Sitzung mit dem folgenden Ritual:

Rufe deine Geistführer an und bitte sie um Hilfe.

Widme deine Kräfte dem spirituellen Weg.

Erkenne dankbar an, was dir bereits gegeben wurde.

Sprich folgendes Gebet: »In meiner Mitte herrscht Ruhe, was einzeln ist, soll ganz werden.«

MIT DEM GANZEN DECK ARBEITEN

Egal, ob wir mit dem vollständigen oder einem geteilten Deck arbeiten, wir folgen hier immer der Wahl, die unser Unbewußtes trifft.

Ordne die Karten in numerischer Reihenfolge an. Ziehe in jeder Sitzung eine Karte, in der ersten Sitzung die erste Karte, das »Licht-Tor«. Meditiere über die Bedeutung dieses Archetyps für dein Leben, und trage die Ergebnisse in dein Tagebuch ein. Beim zweiten Mal ziehst du die zweite Karte »Gebundene Energie freisetzen«. Meditiere wieder über die Bedeutung dieses Archetyps in deinem Leben, und halte deine Ergebnisse im Tagebuch fest. Verfahre so mit allen Karten, und am Ende wird dein spiritueller Entwicklungsweg deutlich vor dir liegen.

Für die spirituelle Entwicklung sind beide Seiten eines Archetyps von Bedeutung. Vermeide es, die beiden Pole zu beurteilen oder zu ignorieren. Du brauchst dir nur klarzumachen, daß eine Eigenschaft, ein Prinzip oder ein Wesensmerkmal nur in seiner *extremen* Form schädlich ist, während eine Ausgewogenheit, die Harmonie der Pole, dir weiterhelfen.

MIT EINEM GETEILTEN DECK ARBEITEN

In diesem Fall haben wir zwei Möglichkeiten:

DAS RAD: EINE METHODE, UM MIT DEN HEILZYKLEN ZU ARBEITEN

Bei der Zyklenarbeit stellt jede der vier Kategorien einen eigenen Weg, einen eigenen Zyklus oder eigenen Abschnitt in der inneren Arbeit dar. Dafür werden die Karten in vier Stöße aufgeteilt, und man arbeitet immer nur mit einem Zyklus, wobei man mit dem ersten beginnt und mit dem vierten abschließt.

Lege die sieben Karten vom 1. Zyklus in Form eines Rades gegen den Uhrzeigersinn aus (siehe Abbildung). Bewege dich im Rad meditativ von einer Karte zur anderen weiter. Beginne bei der ersten Karte.

BETRACHTE DAS BILD DES ARCHETYPS, Cho Ku Rei, »LICHT-TOR«, und meditiere im stillen über dieses Bild, während du den Namen des Archetyps wiederholst.

NOTIERE deine Eindrücke in Worten oder kurzen Sätzen.

LIES NACH, welche Botschaften diese Karte für dich bereithält. Nimm beide Polaritäten dieses Archetyps zur Kenntnis.

ACHTE DARAUF, wo du in diesem Spektrum stehst.

SCHREIBE ein paar Zeilen über die Bedeutung dieses Archetyps für dein Leben.

Halte alle Erkenntnisse oder Botschaften in deinem Tagebuch fest, die du durch diese Befragung erhältst.

Mach dasselbe mit jeder der folgenden Karten, bis der 1. Zyklus abgeschlossen ist. Fasse zum Schluß in ein oder zwei Sätzen zusammen, was er für dich bedeutet. Verfahre nun mit den anderen Zyklen genauso. Hast du alle vier Zyklen abgeschlossen, lies noch einmal deine Tagebucheinträge. Du wirst die Landkarte erkennen und die Stärken, Schwächen und die »weißen Flecken« deiner spirituellen Reise sehen.

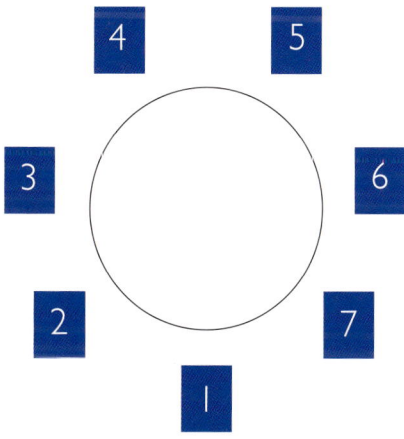

DIE METHODE »ERZÄHLE DEINE GESCHICHTE«

Dazu MISCHST du das ganze Deck und ziehst insgesamt drei Karten. Da es bei dieser Methode keine umgekehrt liegenden Karten gibt, solltest du darauf achten, daß alle von vornherein richtig herum liegen.

LEGE die drei Karten aufgedeckt von links nach rechts auf den Tisch. Sie erzählen deine Geschichte. Die erste steht für die Vergangenheit, die zweite für die Gegenwart, und die dritte symbolisiert die Zukunft.

LIES die drei Karten und die Stellen im Buch, die sich darauf beziehen; blicke unter die Oberfläche, lasse die Karten deine Geschichte erzählen, und mache dir zu folgenden drei Fragen Gedanken:

Wann trat der heilende Archetyp erstmals in mein Leben? *(Vergangenheit)*
Wie sieht mein Weg der Heilung jetzt aus? *(Gegenwart)*
Wohin führt mein Weg? *(Zukunft)*

MALE DIR deinen Weg der Heilung mit all deinen Sinnen aus. Metaphern, Bilder für den Weg sind beispielsweise: eine Landschaft, ein Fahrzeug, ein Spaziergang durch eine Stadt, eine schamanische Reise.

Beschreibe diese Vision kurz in deinem Tagebuch.

Die ersten sechs beschriebenen Methoden bilden das Fundament für die Arbeit mit den archetypischen REIKI-KARTEN. Die Legemuster und der »Weg zu Ganzheit und Heilung« sind für besondere Bedürfnisse gedacht. Da wir inzwischen mit den verschiedenen Anwendungen der heilenden Seelenbilder vertraut sind, wenden wir uns jetzt den Botschaften zu, die jede einzelne Karte für uns bereithält.

Vergangenheit 1   Gegenwart 3   Zukunft 2

5 DIE BOTSCHAFTEN

DER KARTEN

*Auf den folgenden Seiten werden die
Botschaften der einzelnen Karten
vorgestellt. Dazu gehören jeweils
eine Erklärung des Archetyps, eine
Interpretation der Karte, die du bei
einer Befragung ziehst, eine
Betrachtung oder Übung, eine
Affirmation und eine Meditation,
die deine Erfahrung mit der Karte
vertieft.*

*Die Meditationen werden nicht
eigens mit einer Entspannungstechnik
eingeleitet. Schlage daher vor einer
Meditation auf Seite 22 nach unter
6: DIE BENUTZUNG DER KARTEN
ALS MEDITATIONSHILFE. Dort
erfährst du im einzelnen, wie du
deine Meditationserfahrung gewinn-
bringend vertiefen kannst.*

I. CHO KU REI: DAS LICHT-TOR

Sei empfänglich für die Gaben, die du von GeistGott erhältst. Bleibe im Licht, und beobachte die Schatten, die an deinen Wänden tanzen.

Cho Ku Rei ist eines der vier Ursymbole, die dem Begründer von Reiki, Dr. Usui, während seiner mystischen Erleuchtung vermittelt wurden. Es ist ein brückenschlagendes Symbol, das in der konkreten Welt – dazu gehören z.B. Arbeitsplatz, Geld, Sicherheitsbedürfnisse sowie der physische Körper – beim Heilen am häufigsten benutzt wird. In vielen spirituellen Traditionen wird der Körper weitgehend ignoriert; bei der archetypischen Reiki-Arbeit fangen wir jedoch mit dem Körpersymbol an. Cho Ku Rei ist das Tor zur geistigen Welt, die beim physischen Körper beginnt.

Ich schlage dir vor, deine Arbeit mit dieser Karte mit einem Gebet oder einer Anrufung einzuleiten, die sich an deinen Körper als den Ort wendet, an dem Heilung ihren Anfang nimmt. Ein Gebet könnte etwa so lauten: »Ich begebe mich auf diesen Weg der Heilung und bitte darum, daß die Arbeit bei meinem Körper beginnen möge. Heilung geschehe auf jeder Ebene meines physischen Seins. So sei es. Danke.«

Die Polaritäten dieses Archetyps sind *Licht* und *Dunkelheit*. Bei dem Versuch, immer »im Licht« zu leben, besonders gut, besonders perfekt, besonders spirituell

sein zu wollen, verlieren wir unser physisches Leben aus den Augen. Wir leugnen unser menschliches Erbe. Unsere Augen werden blind, wenn wir zu lange in die Sonne starren. Unsere Haut verbrennt, wenn wir uns zu lange in der Sonne aufhalten. Schlaf ist erfrischend. Im Schlaf umgibt uns Dunkelheit.

Dunkelheit ist die Kehrseite des Lichts. Hätten wir keine Dunkelheit, würden wir das Licht nicht kennen. Wenn wir Schatten auf der Wand sehen, sehen wir unsere menschliche Natur und unsere Mängel und erkennen, daß wir sowohl materielle als auch spirituelle Wesen sind. Wenn wir unser Licht und unsere Dunkelheit lieben und annehmen, sind wir im Gleichgewicht.

41

Wenn du diese Karte ziehst, dann sei empfänglich für die Gaben, die du von GeistGott erhältst.

Liegt die Karte aufrecht, heißt das, daß du gut für dein materielles Wohlergehen sorgst. Du bist aufgefordert, dich über deinen physischen Körper ins Licht deiner Seele zu bewegen und deinen spirituellen Bedürfnissen Gehör zu schenken.

Liegt die Karte umgekehrt, brauchen dein Körper, deine Finanzen, dein Zuhause oder dein Auto Beachtung. Vielleicht stimmt etwas nicht, und du tappst (ohne es zu wissen) im dunkeln. Die Dunkelheit annehmen heißt, bereit sein, sich deine dunkle Seite anzusehen und die Botschaften deines Unbewußten anzuerkennen.

Überlege, wie du deinem physischen Körper Wohlbefinden schenken – oder deine Arbeit, dein Zuhause, deine materiellen Umstände harmonischer gestalten – könntest, damit er wahrhaftig zu einem Spiegelbild deiner derzeitigen spirituellen Entwicklung wird.

Schreibe auf, welche drei Ziele dein physisches Leben verbessern und dich spirituell weiterbringen würden.

Sprich mit Gefühl folgende Affirmation: »Heute ehre ich meinen physischen Körper, mein Zuhause, meine Arbeit. So wie ich für mein physisches Dasein sorge, so sorge ich auch für meine Seele.«

Cho-Ku-Rei-Meditation

Die Meditation für die 1. Karte ist eine Manifestations-Meditation. *Manifestation* bedeutet, das in die physische Welt herabzubringen, was in der spirituellen Welt seinen Anfang genommen hat, und dies geschieht durch Absicht und Wunsch. So entsteht eine spirituelle Blaupause, die wiederum eine Form in der faßbaren Welt erschafft.

- Äußere deinen Wunsch.
- Visualisiere, fühle, wisse deinen Wunsch oder stelle ihn dir mit dir darin vor. Visualisiere ihn möglichst genau in Farben und Handlung.
- Stelle dir die Erde dahinter vor, in Farbe und Details, und dich dazu auf der Erde.
- Denke dir über das ganze Bild ein goldenes, diagonales oder spiralförmiges Gitter, das vom Himmel zur Erde verläuft.
- Zeichne innerlich darüber ein Tor, das Cho Ku Rei repräsentiert.
- Halte das Bild fest, solange du kannst.
- Verabschiede dich dann von ihm.
- Überwache den Fortgang nicht. Klammere dich nicht an ein Ergebnis und …
- vertraue es Gottes Fürsorge an.
- Achte darauf, was du dir wünschst – denn du könntest es bekommen!

2. SEI HE KI: GEBUNDENE ENERGIE FREISETZEN

Laß los. Wenn wir uns zu fest an etwas klammern, kommt es zu Blockaden in unserem Energiesystem. Laß los, und gib die Kontrolle auf, vertraue statt dessen auf das Universum.

Sei He Ki ist eines der vier Ursymbole, die Dr. Usui offenbart wurden. Es symbolisiert das Loslassen negativer oder spannungserzeugender Emotionen bzw. Gedanken. Bei der Arbeit mit den Seelenbildern lassen wir mit Hilfe von Sei He Ki emotionalen Ballast und negative, überholte Gedankenformen los.

Das Wort *Sei He Ki* dient dem emotionalen, geistigen oder spirituellen Schutz und der Reinigung. Wenn du fühlst oder spürst, daß irgendeine negative oder unerwünschte Energie in deinem Leben wirkt, kannst du dieses Symbol als Mantra verwenden, um diese Wesenheit oder dein damit verbundenes Gefühl loszulassen.

Die Polaritäten innerhalb dieses Archetyps sind *Loslösung* und *Verstrickung*. Loslösung bedeutet, sich von emotionalen Einschränkungen, Zwängen oder Unterdrückung frei zu machen. Sobald wir uns von einer Vorstellung, einem Gedanken oder einer Person lösen, lassen wir unseren emotionalen Anspruch darauf los. Lösen wir uns zu stark ab, werden wir kalt und gefühllos. Lösen wir uns zu früh, haben wir der Situation keine Gelegenheit zur Veränderung gegeben, sich zu wandeln. Wenn wir uns zu spät loslösen, investieren wir zu viel in diese Situation.

Festhalten zu wollen ist etwas Menschliches. Wir wollen anderen Menschen nahe sein. Aber halten wir sie zu fest, fühlen sie sich auf Dauer erdrückt oder erstickt. Wir verstricken uns in die Angelegenheiten eines anderen Menschen oder werden oft zu unserem Nachteil in sie hineingezogen. Halten wir hingegen zu sehr an einer Idee oder einem Gedanken fest, bringt uns das langfristig gesehen nicht unbedingt weiter. Halten wir zu sehr an unseren eigenen Gefühlen fest, führt uns dies zu einer Co-Abhängigkeit, einem Zustand, der für unser eigenes Wachstum und das der anderen schädlich ist.

WENN DU DIESE KARTE ZIEHST, bist du aufgefordert zu überprüfen, wo du in deinem Körper Unbeweglichkeit und Verspannungen spürst. Überlege, wo du an etwas festhältst, das du loslassen mußt.

Liegt die Karte AUFRECHT, kannst du bereits gut loslassen. Du mußt darauf achten, dich nicht zu sehr oder zu schnell von anderen zu distanzieren – das macht in emotionaler Hinsicht verantwortungslos.

Liegt die Karte UMGEKEHRT, dann bist du jemand, der sich leicht an andere bindet. Dadurch kannst du andere Menschen ungehindert lieben, doch es besteht die Gefahr, daß du ihre Grenzen überschreitest. Sorge dafür, daß du nicht nur andere Menschen, sondern auch dich selbst liebst. Eine Weigerung, hier loszulassen, könnte darauf hinweisen, daß du aus Angst handelst.

ÜBERLEGE, was passiert, wenn du noch fester an dem, was du erkannt hast, festhältst. Verstärke deinen Griff; laß nicht los. Bald wird etwas zerbrechen – und das könntest du selbst sein!

Sprich mit Gefühl folgende AFFIRMATION: »Heute lasse ich … in meinem Leben los.« Achte nach diesem Ritual auf deine Gefühle und Gedanken.

SEI HE KI-MEDITATION

- Du befindest dich in einem Heißluftballon.
- Ein Anker hält dich auf der Erde fest, obwohl du sehr gern in die Luft aufsteigen würdest. Du betrachtest den Anker und stellst fest, daß er aus Gedanken und Gefühlen besteht, an denen du zu lange festgehalten hast, obwohl sie dir nicht mehr von Nutzen sind. So sitzt du eine ganze Weile da und wünschst dir, du könntest abheben. Aber der Anker hält dich zurück.
- Jetzt geschieht etwas Merkwürdiges. An dem Anker hängen sieben Ballons. Intuitiv weißt du, daß du diese Ballons nacheinander losmachen mußt, damit dein Heißluftballon in die Freiheit aufsteigen kann.
- Du gehst tief in dich und kommst dann zu dem Schluß, daß du vielleicht – aber nur vielleicht – einen der Ballons losmachen könntest. Du entscheidest dich für den roten. Du beobachtest, wie er nach oben schwebt, und merkst, wie du ein kleines bißchen lockerläßt.
- Dasselbe machst du mit dem orangefarbenen Ballon. Du beobachtest, wie er nach oben steigt, und spürst, wie du dich ein kleines bißchen nach oben bewegst.
- Jetzt ist der gelbe Ballon an der Reihe. Du beobachtest, wie er in die Höhe schwebt, und spürst, wie du noch weiter nach oben schwebst. Gar nicht übel, denkst du dir. Jetzt weiter mit dem grünen.

- Beim grünen Ballon fällt es dir schon schwerer, ihn loszubinden. Er stellt deinen Herzraum dar und bedeutet dir sehr viel. Aber schließlich läßt du ihn los und merkst, daß du dich selbst ein ganzes Stück nach oben bewegst.
- Du siehst, daß dich noch drei Ballons über der Erde festhalten. Sie blockieren deinen Flug in den Himmel, dorthin, wo – du weißt es – du Freiheit finden wirst.
- Vor deinen Augen schwebt ein blauer Ballon. Er ist nur durch eine dünne silberne Kordel am Heißluftballon befestigt. Als du ihn losbindest und zusiehst, wie er davongleitet, steigt dein Korb sogar noch höher.
- Dann läßt du einen indigofarbenen Ballon los und steigst wieder ein Stück höher.
- Nun ist nur noch ein purpurfarbener Ballon mit einer goldenen Kordel übrig. Ihn loszulassen fällt dir besonders schwer. Du überlegst noch ein bißchen und gehst in dich, und dann läßt du alles los – und bindest auch den letzten Ballon los.
- Jetzt bist du frei! Dein Heißluftballon steigt rasch auf und pendelt sich auf eine Höhe ein, von der aus du genau siehst, wie sich dein ganzes Leben unter dir ausbreitet. Du bist wirklich frei! Du weißt, daß du dem Universum vertraust.

3. HARTH: LIEBE UND MITGEFÜHL

Gibt es in deinem Leben genug Liebe? Sind Geben und Nehmen im Gleichgewicht? Inwiefern versagst du dir selbst Liebe? Inwiefern versagst du anderen deine Liebe?

Harth ist das Symbol für das Herz, das Heilung und Liebe verströmt. Das Herz ist das Zentrum des physischen Körpers. Harth bedeutet Liebe, Wahrheit, Schönheit, Harmonie und Ausgewogenheit. Harth ist kein Ursymbol, sondern wurde hier durch einen Reikimeister gechannelt. Zwar wird es nicht von allen Reikimeistern gelehrt, doch es findet breite Akzeptanz und ist bei vielen Reikipraktizierenden und -lehrern sehr beliebt. Du kannst dieses Symbol auch durch den Begriff »Liebe« ersetzen.

Harth bedeutet Universelle Liebe, nicht die romantische oder erotische Liebe. Universelle Liebe ist bedingungslos und durchströmt das ganze Universum. Atme bei jedem Atemzug Liebe ein. Atme mit jedem Atemzug, der deinen Körper verläßt, Liebe aus. Der umfassende Austausch von Liebe wird dein Leben bereichern und schöner machen.

Die beiden Polaritäten innerhalb dieses Archetyps sind *Liebevolle Zuwendung* und *Vernachlässigung*. Liebevoll für jemanden oder etwas zu sorgen bedeutet, ihn in deinem Herzen zu tragen. Für uns Menschen ist Fürsorglichkeit eine ganz wichtige Eigenschaft. Doch wenn wir zu sehr sorgen, ersticken wir genau das, was wir lieben. Lebewesen brauchen Freiheit – Freiheit, um zu wachsen und sich zu verändern. Wir müssen davon überzeugt sein, daß wir aus echter Fürsorge um das Wohlergehen des anderen handeln und nicht aus eigenem egoistischem Interesse. Wenn wir eine Pflanze zu oft gießen, geht sie ein. Lassen wir sie zu lange in der Sonne stehen, überlebt sie nicht. Wenn wir ein Samenkorn einpflanzen und es dann ausgraben, um nachzusehen, wie weit es ist, weil wir es »liebevoll« pflegen, dann sterben seine winzigen Wurzeln ab. Wir müssen unsere Fürsorglichkeit mit einer Prise liebevoller »Vernachlässigung« ausgleichen.

Vernachlässigung ist das andere Extrem von allzugroßer Fürsorglichkeit. Kinder, die völlig vernachlässigt werden, sind nicht lebensfähig. Was wir vernachlässigen, das kommt nicht zur Blüte. Oft vernachlässigen wir auch uns selbst! Die Ausgewogenheit, die wir hier anstreben, ist das Gleichgewicht zwischen übertriebener Fürsorge um uns selbst, Ichbezogenheit und der Mißachtung unserer eigenen Bedürfnisse, unserem eigenen Wohlbefinden keine Rechnung zu tragen.

Wenn du diese Karte ziehst, bist du aufgefordert, deine Einstellung zur Liebe in deinem Leben zu überprüfen. Ist sie in ausreichendem Maß vorhanden? Sind Geben und Nehmen im Gleichgewicht? Inwiefern versagst du dir selbst Liebe? Inwiefern versagst du anderen deine Liebe? Liebe ist Energie. Laß dich von ihr durchströmen.

Liegt die Karte aufrecht, sorgst du gut für andere. Du mußt aber lernen, für dich genauso liebevoll zu sorgen. Achte darauf, ob du für jemand anderen sorgst, weil du ihm damit wirklich etwas Gutes tun oder weil du ihn kontrollieren willst. Liebe kannst du nicht kontrollieren. Sie fließt.

Liegt die Karte umgekehrt, könnte es sein, daß deine Fürsorglichkeit nicht in Balance ist und die eine Seite vernachlässigt. Dich selbst zu vernachlässigen, indem du vergißt, für dich zu sorgen, ist ebenso unausgewogen, wie dich stets nur um dich zu kümmern. Prüfe, inwiefern du dich oder eine Person, die dir wirklich am Herzen liegt, vernachlässigst. Auch durch Vernachlässigung kannst du keine Kontrolle ausüben.

Überlege dir Möglichkeiten, wie du die Liebe ungehindert durch dich strömen lassen könntest. Setze dich still und entspannt hin, und werde dir deiner Atmung bewußt. Atme rhythmisch und natürlich ein und aus, so wie sich die Wellen im Ozean bewegen, rhythmisch und natürlich, hinein und hinaus. Rhythmische Atmung ist so, als gäbest du einer Schaukel einen Schubs, so daß sie hoch in die Luft fliegt. Durch die Aufwärtsbewegung wird deine Liebe nach draußen getragen und bringt mit der Abwärtsbewegung wieder Liebe zu dir zurück.

Sprich mit Gefühl folgende Affirmation: »Wenn ich die Liebe ungehindert durch mich strömen lasse, bin ich voller Energie und erfüllt mit Universeller Liebe. Ich atme Liebe ein und aus.«

Harth-Meditation

- Versetze dich in Gedanken in einen schönen Park. Es ist ein wunderschöner, warmer Frühlingstag, und du siehst eine Schaukel. Da du müde bist und die Schaukel sehr einladend aussieht, setzt du dich drauf und fängst an, sanft und langsam zu schaukeln.

- Dann schaukelst du immer höher. Jetzt fühlst du etwas Unsichtbares, einen Schutzengel, der die Schaukel anschubst. Der Luftzug wird stärker, je mehr Schwung die Schaukel bekommt. Beim Zurückschwingen spürst du, wie die Luft in dich einströmt, und beim Vorwärtsschwingen fühlst du, wie beim Ausatmen die Luft ausströmt.
- Der Wind ist der Atem Gottes. Und der Atem Gottes trägt Liebe in alle Teile des Universums hinaus.
- Wie du nach vorn in die Luft hinaufschwingst, fühlst du, wie deine Liebe über deinen Atem in die Welt hinausgetragen wird. Beim Zurückschwingen fühlst du, wie Liebe über deinen Atem zu dir zurückkehrt.
- Dein Atem ist der Atem Gottes. Atme und schaukle. Atme und schaukle.

4. HON SHA ZE SHO NEN: VERBINDUNG UND DIENST

Verzeihe. Kläre eine karmische Schuld. Diene.

Hon Sha Ze Sho Nen gehört zu den vier Ursymbolen, die Dr. Usui vermittelt wurden. Es ist eines der stärksten und universellsten Symbole des Reiki-Systems. Es bedeutet tiefe Verbindung mit anderen, seien sie nah oder fern. Es bedeutet Dienst an anderen. Eine Übersetzung dieses Symbols lautet: »Der Buddha (Gott) in mir streckt die Hand aus nach dem Buddha (Gott) in dir, damit Erleuchtung und Frieden einziehen können.« Eine andere Übersetzung lautet: »Ich schenke dir die Wahrheit aller Wahrheiten. Wie oben, so unten. Wie innen, so außen.«

Dieses Symbol wird bei der Fernheilung verwendet. Es gibt dabei weder Vergangenheit noch Zukunft, sondern nur das ewige Jetzt. Alle Grenzen werden überwunden. Zeit, Raum, Irrglauben und Begrenzung existieren nicht mehr.

Immer wenn du jemandem Liebe, Licht, Farben, ein Gebet oder gute Gedanken sendest und dir dabei vorstellst, wie es ihm besser geht, ist es eine Fernheilung.

Dieses Symbol umfaßt auch Verzeihung. Wir können mit diesem Prinzip auch eine karmische Schuld klären und abtragen.

Die beiden Polaritäten innerhalb dieses Archetyps sind *Nächstenliebe* und *Egoismus.* Nächstenliebe ist die selbstlose Verbindung mit anderen in der Welt. An diesem Ende des Spektrums stehen Gedanken und Verhaltensweisen, denen anscheinend kein weitergehendes Motiv, keine versteckte Absicht zugrunde liegt. Wir müssen unsere Beweggründe im Umgang mit anderen unter die Lupe nehmen. Wir bilden uns vielleicht etwas auf unsere Selbstlosigkeit ein, aber Menschen, die völlig selbstlos sind, übernehmen oft keine Verantwortung für ihre eigenen Gedanken, Gefühle und Verhaltensweisen. Sie neigen oft dazu, anderen oder sich selbst Vorwürfe zu machen.

Sind wir hingegen egoistisch, ichbezogen, dann zertrennen wir die Verbindung zu anderen Menschen. Wir werden selbst-süchtig. Wir können der Welt nicht dienen, wenn wir nicht mit ihr verbunden sind. Wir sind für sie nicht nützlich, wenn wir zu uns selbst und unserem eigenen Wesen keine Verbindung haben. Dieses Prinzip müssen wir in jeder Situation immer wieder neu beurteilen. Jeder Mensch ist einzigartig. Wir müssen uns über unsere Absichten klarwerden. Wir mögen beispielsweise egoistisch wirken, wenn wir einen Rückzieher machen, falls jemand unsere Hilfe nicht wirklich braucht. Wenn wir solchen Menschen nicht »helfen«, stärken wir sie dadurch womöglich, denn wir zwingen sie dazu, im Notfall auch einmal selbst Verantwortung zu übernehmen.

WENN DU DIESE KARTE ZIEHST, bist du aufgefordert, deine Hand zu jemandem auszustrecken, der körperlich oder emotional von dir fern ist. Versuche diesen Menschen geistig und emotional zu erreichen, und frage sein Höheres Selbst, ob du ihm Reiki-Energie (Liebesenergie) schicken darfst. Lautet die Antwort ja, dann sende ihm deine Gebete, deine Liebe und deine heilende Energie. Höre in dieser Angelegenheit auf deine Intuition und klammere dich vor allem nicht an das Endergebnis.

Liegt die Karte AUFRECHT, könnte es aussehen, als ob du selbstlos handelst – aber nur du kennst deine Beweggründe. Überprüfe deine Absicht, und vergewissere dich, daß du auf der seelischen Ebene eine tiefe Verbindung zu anderen spürst.

Liegt die Karte UMGEKEHRT, willst du vielleicht nicht verzeihen oder hältst an einer zurückliegenden Verletzung fest. Überprüfe, was du damit beabsichtigst.

ÜBERLEGE, von wem du dich körperlich, geistig oder emotional entfremdet hast. Inwiefern urteilst du über andere oder dich selbst? Wie könntest du die Energie freisetzen, die in deinem Werten und Nicht-verzeihen-Wollen gebunden ist? Schreibe dir selbst oder jemand anderem einen Brief, und bitte um Verzeihung für dein Fehlverhalten.

Sprich mit Gefühl folgende AFFIRMATION: »Ich sende ... (Person) diese Liebe und Heilung, zum höchsten Wohl seiner/ihrer Seele.«

HON-SHA-ZE-SHO-NEN-MEDITATION

- Stell dir vor, du bist Teil eines riesengroßen Mosaiks aus buntem Glas. Auch jedes andere Lebewesen auf der Welt ist eine Facette dieses Mosaiks, und jede Facette des Mosaiks ist zudem ein Hologramm, welches das ganze Leben des einzelnen enthält.
- Das Mosaik ist wie die Erde ein lebender, atmender Organismus. Das hat zur Folge, daß all dein Tun einen Einfluß auf andere hat und von ihnen beeinflußt wird.
- Stelle dir nun vor, du würdest Sauerstoff einatmen, würdest die Energie der Menschen um dich herum einatmen, selbst wenn sie sich am anderen Ende des Mosaiks befinden. Während du dich durch dein Leben bewegst, achtest du darauf, was du tust, und gehst achtsam mit deinem Platz in dem riesigen Weltenmosaik um.

5. ZONAR: VERGANGENE LEBEN UND AHNENVEREHRUNG

Untersuche die Beziehungen zur eigenen Familie. Frage deine Eltern und Verwandten nach deinen Vorfahren (Großeltern, Urgroßeltern), und bitte diese um Hilfe. Sie könnten deine Geistführer sein!

Zonar ist kein ursprüngliches Reiki-Symbol, sondern wurde zu einem späteren Zeitpunkt von einem Reikimeister »gefunden«. Es bedeutet Unendlichkeit, Zeitlosigkeit, Ewigkeit. Mit diesem Symbol kann man sehr gut arbeiten, wenn es um karmische Fragen geht, um vergangene Leben. Bei den Seelenbildern steht es für Familienliebe und Loyalität und Arbeit mit den Ahnen.

Oft gibt es ein hartnäckiges Problemfeld in deinem Leben, das einfach überhaupt keinen Bezug zu deiner eigenen Vergangenheit oder einer anderen, dir bekannten Ursache zu haben scheint. Vielleicht ist es ein Thema aus einem vergangenen Leben, eine karmische Angelegenheit. *Karma* ist das Sanskritwort für Handeln, für Ursache und Wirkung, für Ausgewogenheit.

Die beiden Polaritäten dieses Archetyps sind *Zugehörigkeit* und *Entfremdung*. Unsere Vorfahren zu ehren sowie Liebe zur Familie und Loyalität sind Teil des Prinzips der Zugehörigkeit. Wir werden in eine Familie hineingeboren. In dieser Familie ler-

nen wir jene Verhaltensregeln, die für die Kultur, der wir angehören, gelten. Waren es ungeeignete Regeln und Gepflogenheiten, so müssen wir diese im Licht unseres Erwachsenenseins neu überprüfen. Im Jugendalter wollen wir oft so sehnlich einer bestimmten Gruppe angehören, daß wir unser eigenes Wertesystem aufgeben und die Normen der Gruppe übernehmen. Ist die Gruppe für uns förderlich, so funktioniert dies auch gut. Ist sie es aber nicht, geraten wir in Schwierigkeiten. Wir können nicht alles opfern, nur um dazuzugehören. Leben wir zu lange an diesem Pol, dann fixieren wir uns zu sehr auf die Zugehörigkeit zu einer bestimmten (auch ethnischen) Gruppe und grenzen uns von anderen ab: »Wir« haben immer recht, »die anderen« dagegen sind immer im Unrecht.

Am anderen Ende des Spektrums steht die Entfremdung. Entfernen wir uns zu weit von unserer eigenen Familie oder mißachten die Regeln der für uns förderlichen Gruppe, entfremden und isolieren wir uns. Wir leben am Rand unserer Gesellschaft und werden uns mitunter sogar selbst fremd. Das führt dazu, daß uns ein eindeutig definiertes moralisches Wertesystem sowie Maßstäbe fehlen, an denen wir unser Verhalten ausrichten könnten. Wir haben den Weg verloren. Dieser Archetyp erschließt sich uns durch das richtige Gleichgewicht zwischen falsch verstandener Loyalität und innerer bzw. äußerer Isolation.

WENN DU DIESE KARTE ZIEHST, dann mache dir Gedanken über die Bedeutung von Zeit und ihren verschiedenen Dimensionen. Du bist aufgefordert, deine Beziehungen zu deiner Herkunftsfamilie zu überprüfen.

Welcher Umstand in deinem Leben läßt sich offenbar nicht auf deine persönliche Geschichte zurückführen, sondern begleitet dich womöglich schon seit deiner Geburt? Denke darüber nach, und notiere die Antworten in deinem Reiki-Tagebuch. Vielleicht möchtest du zu dieser Frage auch die REIKI-KARTEN insgesamt befragen. Mische das Deck, und bilde zwei Stöße. Formuliere deine Frage, und ziehe aus dem linken Stoß eine Karte; ziehe dann noch eine Karte für die Antwort, diesmal aus dem rechten Stoß. Formuliere, ausgehend von der Antwort, eine weitere Frage, und dies so lange, bis du das Gefühl hast, zu einem Abschluß gekommen zu sein. In dieser Weise trittst du mit deiner inneren Führung in einen Dialog zu deiner Angelegenheit.

Liegt die Karte AUFRECHT, fühlst du dich in deinem sozialen Umfeld wohl. Falls es in deiner Herkunftsfamilie oder der von dir gewählten Familie, den Freunden, irgendwelche Dinge zu bereinigen gibt, erledige dies noch in dieser Woche.

Liegt die Karte UMGEKEHRT, fühlst du dich dir selbst möglicherweise entfremdet oder ohne Verbindung zu deinen tiefsten Wurzeln. Vielleicht möchtest du auf den Friedhof gehen und ein paar deiner Lieben aufsuchen, die auf ihrer Reise bereits durch den Schleier gegangen sind. Sprich mit ihnen. Hilfe kommt möglicherweise von ihnen.

Sprich mit Gefühl folgende AFFIRMATION: »Wenn ich das Wort *Zonar* ausspreche, habe ich die Absicht, alles zu heilen, womit ich auf die Welt gekommen bin. Ich bitte meine Ahnen sehr, mir bei dieser Heilung zu helfen.«

- Begib dich zur Halle deines Inneren. Dort wirst du zehn steinerne Stufen vorfinden. Zähle langsam von zehn bis eins. Am unteren Ende der Treppe kommst du in einen weißen Nebel. Bald bist du von diesem weißen Nebel rundherum eingehüllt. An diesem Ort fühlst du dich sicher und wohl.
- Vor dir befindet sich eine Tür. Du hast den Impuls, sie zu öffnen und einzutreten. Sobald du eingetreten bist, löst sich der weiße Nebel auf, und du befindest dich an einem langen Tisch, auf dem die Gegenstände und Ereignisse deines derzeitigen Lebens liegen.
- Sieh dir diese genau an, und greife dann das heraus, was dich am meisten beunruhigt. Du brauchst eine Antwort auf eine Frage. Schreibe die Frage mit einem dicken, schwarzen Stift auf eine imaginäre weiße Tafel. Stelle dir die Situation, die dich beunruhigt, bildlich vor. Als du wieder aufblickst, breitet sich der weiße Nebel erneut im Raum aus.
- Wenn sich der Nebel lichtet, befindest du dich in dem Leben, in dem dieses Problem seinen Ursprung hat. Beobachte, was geschieht.
- Gehe auf demselben Weg, den du gekommen bist, zurück. Steige die Treppe hinauf, und zähle langsam von eins bis zehn. Notiere die Erfahrung in deinem Tagebuch.

Jede Heilung ist im Spirituellen begründet. Sorge auf spiritueller Ebene für deine Gesundheit.

Dai Ko Myo ist eines der vier Ursymbole, die Dr. Usui auf dem Berg sah. Wer mit diesem höchsten aller Reiki-Symbole arbeitet, heilt zum Wohle der anderen, in lauterster Absicht.

Dai Ko Myo hat zwei Formen: Die eine ist das traditionelle japanisch-tibetische Symbol, das Dr. Usui vermittelt wurde. Die andere Form wurde durch die Reikimeisterin Diane Stein (Autorin des Buchs *Essential Reiki*, deutsch: *Reiki-Essenz*) gechannelt. Bei der Arbeit mit den Seelenbildern wird Dai Ko Myo als Mantra verwendet.

Die polaren Kräfte dieses Archetyps heißen *Erwachen* und *Schlaf-Trance*. Erwachtsein ist ein Bewußtseinszustand, in dem wir uns ganz und gar der Tatsache bewußt sind, daß wir spirituelle Wesen in Menschengestalt und alle eins sind. Wäre jemand in der Lage, immer in diesem Zustand zu leben, dann wäre er oder sie ein aufgestiegener Meister. Aufgestiegene Meister sind diejenigen, die Erleuchtung erlangt haben und durch den Schleier gegangen sind (d.h. nach irdischem Verständnis gestorben sind). Würden wir an diesem Ende des Spektrums leben, bräuchten wir überhaupt keine menschliche Gestalt. Wir dürfen einen flüchtigen Blick auf diesen spirituellen Zustand werfen, wenn wir durch unsere eigene Persönlichkeit und die unserer Mitmenschen hindurchschauen und auf der seelischen Ebene miteinander kommunizieren. Wenn wir dies allerdings immer täten, könnten wir nicht auf der irdischen Ebene leben!

Am anderen Ende des Spektrums stehen die Menschen, die ständig in einer leichten Trance leben, der Trance der »wandelnden Toten«. In diesem Zustand ist uns unsere Spiritualität überhaupt nicht bewußt, und wir meinen, es existiere einzig und allein die materielle, mit unseren fünf Sinnen faßbare Welt. Die meisten geraten in diesen Trancezustand, wenn sie sinnlose, mechanische Routinearbeiten durchzuführen haben. Wir nennen das »auf Automatik schalten«. Wir sind dann wie benommen. In diesem Zustand können wir weder sehr oft noch sehr lange sein.

Wir müssen uns in die Mitte hineinbewegen, wo wir das helle Licht des Erwachens sehen und wohl große Freude an spirituellen Dingen haben, doch auch unsere menschliche Natur anerkennen, akzeptieren und wertschätzen.

Wenn du diese Karte ziehst, ist es Zeit, dir selbst täglich eine Dai-Ko-Myo-Heilung zu geben. An beiden Schulterblättern gibt es in der knochigen Vertiefung zur Wirbelsäule hin einen Punkt: Reiche mit den Fingerspitzen der rechten Hand über die linke Schulter, und massiere ihn im Uhrzeigersinn – dasselbe dann mit links neben dem rechten Schulterblatt. Balle anschließend deine Hand locker zur Faust, und klopfe damit ungefähr 15mal leicht auf deinen Brustkasten, direkt über dem Brustbein. Diese Übung stimuliert die Thymusdrüse und das Herzchakra und kräftigt dein Immunsystem.

Liegt die Karte aufrecht, dann bist du dir deiner Spiritualität bewußt und wach dafür. Sorge dafür, daß du deine spirituellen Übungen täglich machst. Es kann sein, daß du zu stark in deinem Scheitelchakra – d. h., in der geistigen Welt – lebst. In diesem Fall ignorierst du womöglich wichtige Emotionen. Begib dich mehr in die Mitte des Spektrums, damit du deine Spiritualität durch den Körper leben kannst.

Liegt die Karte umgekehrt, bist du womöglich öfter in einer Trance. Das heißt, du hast gelernt, deine Aufmerksamkeit von deiner physischen Realität zu trennen. Wenn du in diesem Zustand zu lange oder zu oft verharrst, bist du nicht klar genug bei dir, um die für deine spirituelle Entwicklung nötige Arbeit zu tun.

Sprich mit Gefühl folgende Affirmation: »Ich bitte um Heilung an der spirituellen Wurzel aller Krankheit. Mein Immunsystem ist stark und gesund.«

Dai-Ko-Myo-Meditation

- Du findest eine silberne Tür. Betritt durch diese Tür deinen Körper. Begib dich der Reihe nach in all deine Organe. Durchlebe die Emotionen, die du in letzter Zeit empfunden hast. Begib dich nun in deinen Geist. Bewege dich durch die Gedanken, die du in letzter Zeit hattest. Klammere dich an nichts von dem, was du dabei erlebst.
- In der Halle deines Inneren wirst du eine goldene Tür finden und den Impuls verspüren, durch diese Tür einzutreten. Strecke die Hand aus, und drehe den goldenen Türknauf. Beim Eintreten siehst du rings um dich eine Welt von geistigen

Wesen. Auch du hast Geistform angenommen. Beim Blick auf deinen eigenen Geistkörper fällt dir auf, daß es in deiner Lichtgestalt ein paar dunkle Flecken gibt. Bei näherer Betrachtung stellst du fest, daß einer davon dein mangelnder Glaube an Gott und die geistige Welt ist. Du hast anscheinend dein Vertrauen, daß alles gut werden würde, verloren. Du bist bestürzt über deinen Mangel an Glauben und beschließt, etwas dagegen zu tun.

- Du näherst dich einem besonderen Altar, der sich in der geistigen Welt befindet. Auf dem Altar steht eine Vase mit wunderschönen, frischen, süß duftenden Blumen, und daneben liegt ein Schlüssel. Diese Blumen sollen dich daran erinnern, daß du ein irdisches Wesen bist und eines Tages genau wie sie vergehen und in den Kreislauf zurückkehren wirst.

- Du nimmst den Schlüssel und weißt tief in deinem Inneren, daß dies der Schlüssel zu deinem Herzen ist. Du legst ihn direkt auf dein Herz und sprichst folgendes Gebet: »Obwohl ich oft durch ein finsteres, furchteinflößendes Tal irre, ist mein Herz bereit, sich Deiner Liebe zu öffnen. Gerade in Zeiten völliger Blindheit wandle ich im Glauben. Ich widme diesen Tag meinen weiteren Schritten, auch wenn ich meinen Weg nicht sehen kann. Ich vertraue darauf, daß mir Dein Licht und Deine Liebe Wärme und Geborgenheit schenken werden. So sei es. Danke.«

Die Reiki-Energie fließt dorthin, wo sie gebraucht wird, und bringt alle Ebenen der Existenz – Körper, Verstand, Herz und Geist – in Gleichgewicht und Harmonie.

Mit *Reiki* bezeichnete Dr. Usui seinen »Weg des natürlichen Heilens«. Reiki bedeutet Universelle Energie (GottGeist), die sich mit der Lebenskraft-Energie (dem menschlichen Bewußtsein) verbindet.

Die beiden Pole dieses Archetyps sind *Ganzheit* und *Zersplitterung*. Leben wir vom Pol der Ganzheit her, so meinen wir vielleicht, wir sähen das »Gesamtbild«, obwohl es in Wirklichkeit nur eine andere »Gestalt« ist (eine Konfiguration, die so einheitlich ist, daß man ihre Einzelteile nicht unterscheiden kann). Wenn wir neue oder anderslautende Informationen erhalten, wird unsere ganze Sicht, die »Gestalt« erschüttert und zerfällt – doch entsteht daraus wiederum ein neues »ganzes« Bild). Auf diese Weise lernen wir. Möglicherweise sieht nur Gott »das Ganze«.

Es kann aber auch sein, daß unser Bild vom »Ganzen« ein fehlerhaftes ist. Überkommene Vorstellungen, veraltete Gedankenformen und ausgediente Begriffe werden oft als etwas Absolutes akzeptiert, obwohl sie vielleicht längst nicht mehr greifen. Wir dürfen in bezug auf unsere Ganzheit nicht selbstgefällig werden oder uns verblenden lassen. Rücke etwas weiter in die Mitte.

Am anderen Ende des Spektrums steht Zersplitterung. Zersplittert zu sein ist schmerzhaft, doch es müssen erst überkommene Muster aufbrechen, damit Neues entstehen kann. Ohne Chaos gibt es keine Schöpfung. Der Keim des Neuanfangs ist bereits im Ende angelegt. Wenn sich all unsere Träume zerschlagen und wir uns zersplittert, fragmentiert fühlen, müssen wir an etwas Bleibendem in unserem Leben festhalten und wissen, daß unbewußte Kräfte an der Entstehung einer wieder anderen Ganzheit arbeiten.

WENN DU DIESE KARTE ZIEHST, sollst du der Reiki-Energie erlauben, in dich einzudringen. Spüre, wie das *ki* in dich hineinströmt, in Körper-Geist-Seele. Sende dein *ki* einem Menschen, der es gerade jetzt braucht.

Liegt die Karte AUFRECHT, dann weißt du, daß dein *ki* ungehindert und ganz natürlich in deinem System zirkuliert.

Liegt die Karte UMGEKEHRT, gibt es möglicherweise irgendwo eine Blockade. Suche deinen Körper/Geist auf etwaige Blockaden hin ab. Du wirst intuitiv wissen, wo du festgefahren bist.

Sprich mit Gefühl folgende AFFIRMATION: »Ich ehre mein heiliges *ki* und übe mich in Liebe und Respekt darin, die Reiki-Energie durch mich und zu anderen hin strömen zu lassen.«

REIKI-MEDITATION

- Du sitzt vor einem Spiegel, in dem du das Abbild einer Person siehst. Du denkst, das müßtest du sein. Du bist es auch, aber es ist ein Du aus einer anderen Welt – deine besten Seiten, dein höchstes Wesen.
- Du erkennst das Spiegelbild vor dir als dein Höheres Selbst. Dein Höheres Selbst hält in der rechten Hand das *rei* und in der linken das *ki*. Sieh die Schriftzeichen vor dir. Achte auf ihre Farbe und ihre Form, und berühre sie dann. Achte darauf, wie sie sich anfühlen.
- Dein Höheres Selbst hält nun *rei* über deinen Kopf, direkt über dein Kronenchakra. Sofort fühlst du die wunderbare, überwältigende Liebe und Wärme und Trost und Frieden, als regnete weicher, mit Liebe, Wärme, Trost und Frieden erfüllter Sternenstaub auf deinen Kopf.
- Dieser Heilige Regen strömt in deinen Kopf und erfüllt deinen ganzen Körper mit seinem silbernen Licht und seiner Liebe.
- Dein Höheres Selbst hält nun *ki* an deine nackten Füße, und sofort fühlst du, wie durch sie ein kraftvolles, flüssiges Feuer deinen Körper hinaufsteigt und ihn mit einer Energie und Vitalität erfüllt, wie du sie noch nie erlebt hast.
- Gesättigt von der geheimnisvoll heilenden Reiki-Energie kehrst du an deinen Meditationsort zurück und trägst diese Energie den ganzen Tag lang in dir.

Die Suche nach deiner Wahrheit verlangt, daß du die Ereignisse in deinem Leben emotional und spirituell ganz ehrlich betrachtest. Inwiefern hast du selbst zu deiner derzeitigen Situation beigetragen?

Mikao Usui, der Begründer des Reiki, verkörpert die Suche nach der Wahrheit: Er suchte nach der tiefen, authentischen Form des Heilens, und so machte er sich auf eine beschwerliche Wanderschaft zum Heiligen Berg, um zu lernen, wie man heilt. Dort empfing er die Wahrheit der Reiki-Heilung. Nehmen wir Dr. Usui als Vorbild, dann muß jeder von uns sich auf seine eigene Pilgerschaft begeben, um sein Leben wahrhaft echt und authentisch leben zu können.

Die Polaritäten dieses Archetyps sind *Authentizität* und *Verleugnung*. Ein authentischer Mensch lebt nach Maßstäben und Kriterien, die er für wahr und echt befunden hat. Es taucht allerdings ein Problem auf, wenn du nur an diesem Ende des Spektrums lebst: Du kommst unter Umständen zu der Überzeugung, daß es nur *eine* Wahrheit gibt. Du mußt aber lernen, auch die Wahrheit der anderen zu akzeptieren, ihr authentisches Selbst zu lieben, auch wenn du es nicht »magst«. Wir müssen lernen, wie der Begründer des Reiki nach der Wahrheit zu suchen und unter der Oberfläche nach der Bedeutung der Ereignisse zu forschen.

Leben wir andererseits in der Verleugnung, dann leben wir in Lüge. Wir weigern uns, die Wahrheit in unserer Situation zu akzeptieren. Wir weigern uns, unsere eigenen Schwächen und Unvollkommenheiten und die anderer Menschen zu akzeptieren. Wir wollen unsere menschliche Natur nur als makellos und vollkommen sehen. Das Wichtigste an der Wahrhaftigkeit ist, daß wir sie uns nicht als Wahrheit, so wie wir sie sehen, einreden. Wahrheit bedeutet nicht allein, »die Wahrheit zu sagen«, sondern sie ganz authentisch, echt und real zu leben.

WENN DU DIESE KARTE ZIEHST, dann darfst du Segnungen von Dr. Usui entgegennehmen. Du bist bereits auf deiner eigenen Suche nach Wahrheit. Diese Pilgerschaft auf Suche nach Wahrheit kannst du fortsetzen, entweder ganz real mit einer Reise oder mit Hilfe der hier angebotenen Meditation und Visualisierung.

Liegt die Karte AUFRECHT, bist du bereit und willens, dein Leben unter die Lupe zu nehmen und die Verantwortung für die Veränderung von unliebsamen Dingen zu übernehmen.

Liegt die Karte UMGEKEHRT, mußt du in bezug auf deine Gefühle ehrlicher werden. Schau dir also an, was du möglicherweise verleugnest. Spirituelle Ehrlichkeit bedeutet beispielsweise, darauf zu achten, wann du »Ich kann nicht« sagst, obwohl du »Ich will nicht« meinst.

Sprich mit Gefühl folgende *Affirmation*: »Die Wahrheit, die ich suche, ist die Heilige Wahrheit. Es ist meine Wahrheit.«

MEDITATION ZUR WAHRHEITSSUCHE

- Bitte Dr. Usui vor deiner Reise zur Wahrheit, dich zu begleiten und zu führen. Bestimme einen Zeitpunkt für deine Reise, und triff alle Vorbereitungen: Nimm ein paar Wochen lang nur gute vollwertige Kost zu dir; trinke reines, klares Wasser; mache deinen physischen Körper fit, damit du die Ausdauer für deine Reise hast – und damit dein Körper »geweiht« wird.
- Geh vor der Reise in die Wüste, auf einen Berg, ans Meer oder in den Wald – oder an einen anderen Ort, der deinem Gefühl nach ein Kraftort auf der Erde ist. Stell dir vor, wie du dort deinen für dich bestimmten heiligen Wasserfall findest.
- Laß deine Hüllen fallen und stelle dich unter den regenbogenfarben leuchtenden Wasserfall. Negative Gefühle werden nun von deinem Körper abgespült. Mache dir Gefühle wie Schuld, Scham, Angst, Enttäuschung, Verrat und Verzweiflung bewußt und lasse die heiligen Wasser des Wasserfalls sie fortspülen in die Erde, wo sie neutralisiert werden.
- Wenn negative Gedanken auftauchen, überlasse sie dem funkelnden, strömenden Wasser: »Du bist nicht gut genug. Es gibt nicht genug (Zeit, Geld, Gesundheit, Freunde, Liebe.)« Beobachte, wie solche negativen Gedanken den Hang hinabgespült werden in den Teich göttlicher Liebe, wo sie neutralisiert werden.
- Jeder Mangel in deinem Leben ist nun geheilt. Niemand kann dich verletzen oder dir Schaden zufügen. Der Regenbogen-Wasserfall reinigt, klärt und nimmt alles Ungute und Kranke aus deinem Innern mit sich. Du fühlst dich erfrischt, neugeboren und erneuert. Du läßt alles Vergangene los und bist willig, von neuem zu beginnen.

- Du ziehst nun frische, saubere Kleidung und neue Schuhe an und versorgst dich für die bevorstehende Reise mit ausreichend frischem Proviant und sauberem Wasser. Dann machst du dich auf den Weg, deinem Ziel entgegen.
- Bald erreichst du den Fuß des Heiligen Berges. Mache dich auf den langen und beschwerlichen Weg zum Gipfel. Auf halbem Weg kommst du an den Punkt, von dem es kein Zurück mehr gibt, dir wird klar, daß du dich jetzt diesem Weg völlig verschrieben hast. Steig höher und höher, durch alle Stürme und wechselnde Wetter des Berges.
- Lasse beim Aufwärtssteigen mehr und mehr die Gedanken und Gefühle und spirituellen Besorgnisse aus deiner Vergangenheit los. Sei dir darüber im klaren, daß du jetzt das Vergangene unwiderruflich hinter dir läßt. Werde leerer und leerer ...
- Auf dem Berggipfel siehst du die Sonne in all ihrer Pracht. Spüre die lebenspendende Wärme und die heilenden Strahlen der Sonne. Dies ist der Höhepunkt deiner spirituellen Reise. Setze dich nieder und führe ein Ritual der Dankbarkeit durch.
- Einundzwanzig Tage lang fastest du nun hier oben, meditierst, betest und sinnst über das Wesen der Wahrheit nach.
- Als diese Zeit um ist, erhältst du ein außergewöhnliches Geschenk. Es ist deine *Wahrheit*. Vielleicht hat es symbolische Form, vielleicht ist es ein konkreter Gegenstand, vielleicht eine ganz bestimmte Idee.
- Laß die Lügen, das Verleugnen fahren und höre jetzt deine Wahrheit.
- Schreib die Wahrheit in dein Tagebuch und nimm sie in dein Herz, um von nun an authentisch aus der Wahrheit zu leben.
- Kehre in deine Gemeinschaft zurück, und teile deine Wahrheit mit den Menschen, die du liebst und auf die du Einfluß hast. Feiere ein Fest und freue dich, denn du bist mit weit mehr zurückgekommen, als du aufgebrochen bist.
- Komme dann wieder zurück an deinen Meditationsort und in die reale Welt ...

9. REIKI-LEBENSREGELN: BEHERRSCHUNG DER EMOTIONEN

Die Reiki-Lebensregeln sind eine Anleitung dafür, wie man ein Leben in vollkommener Gnade und in Fülle führen kann. Spüre die Fülle, die dich umgibt.

Nach seiner spirituellen Erfahrung auf dem Berg Kuriyama begann Dr. Usui mit der heilkräftigen Reiki-Energie zu arbeiten. Er entwickelte fünf Lebensregeln für »die geheime Kunst, Glück zu sich einzuladen«. Bei allen fünf Lebensregeln geht es um die Überzeugung, im Hier und Jetzt zu leben. Sie lauten:

Gerade heute, sei nicht ärgerlich.

Gerade heute, sorge dich nicht.

Gerade heute, arbeite hart *(das bezieht sich auf die Meditationspraxis)*.

Gerade heute, sei freundlich zu allen Lebewesen.

Gerade heute, sei dankbar.

Die beiden Extreme dieses Archetyps sind *Gleichmütigkeit* und *zu starke/zu schwache Reaktion*. Wenn wir unsere Emotionen unterdrücken, können wir körperlich, emotional oder spirituell erkranken. In diesem Zustand erkennen oder achten wir unsere Gefühle nicht einmal, geschweige denn bringen sie zum Ausdruck. Ärger, Sorgen und das Gefühl, zu kurz gekommen zu sein, setzen sich in Taten um, wenn wir sie nicht anerkennen und ihnen Ausdruck verliehen haben, oder wenn wir zu Gefühlsausbrüchen neigen, mit denen wir unsere Umwelt und uns selbst verletzen, das Problem dadurch aber keineswegs lösen. Wir müssen uns in die Mitte des Spektrums bewegen und einen Weg finden, unsere Gefühle angemessen, realistisch und behutsam zum Ausdruck zu bringen.

Gleichmütigkeit bzw. emotionale Disziplin ist nicht dasselbe wie Gehorsam oder Bestrafung. Vielmehr ist Disziplin ein Training. Emotionen können trainiert werden, um der Spiritualität zu dienen. Fehlen unseren Emotionen die Disziplin und das Training, fragen wir uns verwirrt, was denn nun die spirituellen Prinzipien in unserem Leben sind. Haben wir erst einmal unsere Emotionen im Griff, können wir uns ungehindert spirituell entfalten.

WENN DU DIESE KARTE ZIEHST, bist du aufgefordert, dein Verhalten eine Woche lang aufmerksam zu beobachten. Prüfe, ob du in der Gegenwart, im Jetzt, lebst – oder in einer Vergangenheit, die du nicht loslassen kannst, oder in einer Zukunft, über die du keine Kontrolle hast.

Liegt die Karte AUFRECHT, neigst du dazu, deine Gefühle herunterzuschlucken, und weißt oft nicht, wie du dich in einer bestimmten Situation überhaupt fühlst. Du brauchst lange, um deine Gefühle auszudrücken, und das kann im Umgang mit dir nahestehenden Menschen zu Schwierigkeiten führen.

Liegt die Karte UMGEKEHRT, schikanierst du vermutlich andere – und dich selbst – mit deinen Gefühlsausbrüchen. Vielleicht meinst du, auf diese Weise alles im Griff zu haben, und fühlst dich sogar mächtig, aber diese »Macht« über deine Umwelt schadet dir und anderen und ist von kurzer Dauer. Bewege dich in die Mitte.

ÜBERLEGE, ob deine Gefühle mit deiner Seele in Einklang stehen. Die Seele reagiert auf andere – und sich selbst – weich und sanft. Wenn du dich einer der fünf Lebensregeln zu sehr oder zu wenig widmest, bist du aufgefordert, deine Reaktion zu verändern. Es wird dir helfen, hierzu über die Fülle nachzudenken. Probiere folgendes aus: Es gibt eine einfache Methode, um dich mit der Lebenskraft in Einklang zu bringen und die dich umgebende Fülle zu spüren. Stelle dich drei Minuten lang hin, die Füße schulterbreit auseinander, die Arme ausgestreckt, die linke Handfläche zeigt dabei nach oben, die rechte nach unten. Die dich umgebende *ki*-Energie tritt durch deine linke Handfläche ein und strömt durch das Herz und den Solarplexus. Dabei lädt sie deinen ganzen Körper auf, und die überschüssige Energie fließt über deine rechte Hand ab.

Die Morgenstunden bringen dir einen Energieschub, der Abend verheißt Entspannung. Richte deine gesamte Aufmerksamkeit nun darauf, bei all deinem Tun erfolgreich zu sein und bei allem, was du bist, Fülle walten zu lassen.

Sprich mit Gefühl folgende AFFIRMATION: »Gerade heute bin ich friedvoll, ruhig, freundlich, zum Guten entschlossen und dankbar für die Fülle in meinem Leben.«

MEDITATION ZU DEN REIKI-LEBENSREGELN

- Du hast eine besondere Reise vor, eine Reise der Liebe und des Friedens. Du willst einen besonderen, weit entfernt liegenden spirituellen Berg ersteigen. Dir steht eine lange, beschwerliche Reise bevor, bei der du auf viele Hindernisse und Schwierigkeiten stoßen wirst. Du mußt für diese Reise gut vorbereitet und erholt sein.

- Als du dich auf den Weg machst, fällt dir auf, daß du fünf Taschen trägst. Ja, es scheint dir, als hättest du diese Taschen schon immer dabeigehabt. Dann erhältst du einen Hinweis deiner inneren Führung, daß es Zeit ist, diese Taschen zu öffnen und nachzusehen, was darin ist.
- Du öffnest sie eine nach der anderen. In der ersten Tasche findest du deinen Ärger. Den ganzen gewaltigen Ärger, den schwelenden Groll, die bitteren Enttäuschungen, die unbedeutenden Ärgernisse, die im Lauf der Zeit größer geworden sind, Zorn, Wut und Rachegelüste. Du triffst bewußt die Entscheidung, diese Tasche auszuleeren. Du findest eine Klippe und wirfst den Inhalt und dann auch die Tasche in die Tiefe. Jetzt fühlst du dich ein wenig leichter. Aber da sind noch vier andere Taschen.
- Du öffnest die zweite Tasche und siehst darin all deine kleinlichen Sorgen, deine lähmenden Befürchtungen, deine quälenden Kümmernisse, aus denen im Lauf der Jahre große Ängste und Schuldgefühle geworden sind. Du triffst die bewußte Entscheidung, die Tasche über einer anderen Klippe auszuleeren. Als du dies tust und dann die Tasche hinabwirfst, setzt du alle Ängste frei, die dich bisher zurückgehalten haben. Jetzt fühlst du dich schon viel leichter.
- In der dritten Tasche findest du deinen Widerstand, richtig und konsequent zu meditieren. Du findest in dieser Tasche deine Ablenkungen, dein eitles Geschwätz, deine Bequemlichkeit und all die anderen Dinge, die dich von deinem Ursprung fernhalten. Ohne nachzudenken wirfst du die Tasche samt Inhalt schnell über eine andere Klippe.
- Nun willst du dich um die vierte Tasche kümmern. Darin findest du alles Lebendige, alle Lebewesen, darunter auch Teile deiner selbst, zu denen du unfreundlich und respektlos warst oder die du durch eigene Gedankenlosigkeit enterht hast. All diese lebenden Wesen weinen. Auch du weinst, während du sie der Reihe nach herausnimmst, streichelst und hältst und dabei dein Bedauern kundtust.
- Sobald sie sich besser fühlen, machen sie sich auf, zurück zu ihrem ursprünglichen Platz; deine Unfreundlichkeit bindet sie nun nicht mehr. Du fühlst dich um soviel besser und soviel leichter, daß du meinst, du kannst nun endlich weitergehen. Aber etwas hält dich noch immer zurück: die letzte Tasche.
- Dies ist natürlich die Tasche mit deiner Undankbarkeit. Darin findest du all deine Klagen, dein Selbstmitleid und deine Überzeugung, zu kurz gekommen zu sein. Du leerst sie aus und füllst diese Tasche mit Dankbarkeit für die Fülle, die dir zuteil geworden ist, und läßt sie offen liegen, damit ein anderer sie finden kann. Jetzt bist du frei und fröhlich und kannst deine Reise auf den Berg fortsetzen. Frieden und Liebe folgen dir nach. Amen.

Mache dir ein paar Gedanken über das metaphysische Gesetz, dem zufolge alles, was du aussendest, zehnfach zu dir zurückkehrt. Du brauchst nicht vollkommen, sondern nur achtsam zu sein.

Absicht und Zielgerichtetheit bilden zusammen mit dem starken Wunsch die Grundlage jeder spirituellen Praxis und sind zu jeder Heilung notwendig. Unsere Absicht und unsere Zielgerichtetheit sind es, welche die Reiki-Energie bei unserer Heilungsarbeit ungehindert fließen lassen.

Es heißt, als Gott die Welt aus der Ur-Energie heraus in voller Absicht und mit einem Ziel vor Augen erschuf, war die Tat vollbracht. Wir sind Teil dieser Gottesmacht. Wir sind Mitschöpfer. Wir müssen dies in großer Demut, mit Respekt und Verantwortungsgefühl sein.

Die Polaritäten dieses Archetyps sind *Reinheit-Klarheit* und *Ziellosigkeit*. Wir können nicht so tun, als hätten wir nur lautere Absichten und genaue Zielvorstellungen. Wir sind Menschen, und zu tun, als seien wir vollkommen, wäre eine Lebenslüge. Wir müssen uns jedoch um möglichst lautere Absichten bemühen und danach streben, uns zwischen diesen Extremen – zur Mitte hin zu bewegen.

Am anderen Ende des Spektrums stehen Chaos, Böswilligkeit und Ziellosigkeit.

Aber das können wir nicht als Maßstab für uns akzeptieren. Wenn Chaos herrscht, haben wir es vielleicht selbst verursacht. Auch wenn Chaos nicht prinzipiell negativ ist, können wir darin nicht auf Dauer leben. Chaos geht der Schöpfung voraus. Wenn daher die Dinge chaotisch erscheinen, leuchtet am anderen Ende des Tunnels vielleicht ein wunderschönes Licht.

Gesetzt den Fall, alles wäre nur willkürlicher Zufall und es spielte nichts wirklich eine Rolle, dann hätte unser Leben kein Ziel, und Depression und Niedergeschlagenheit könnten sich unserer bemächtigen. Wir sollten auf unsere Absicht achten und uns in die Mitte des Spektrums bewegen. Wir müssen Ausgewogenheit anstreben.

Wenn du diese Karte ziehst, bist du aufgefordert, deine Beweggründe unter die Lupe zu nehmen, damit du sicher sein kannst, daß deine Absichten nicht von deiner Gier verunreinigt sind und deine Wünsche im Interesse des höchsten Ziels deiner Seele liegen.

Liegt die Karte AUFRECHT, handelst du in recht lauterer Absicht, und dein Ziel ist der Einklang zwischen dir und dem höchsten Ziel deiner Seele.

Liegt die Karte UMGEKEHRT, beeinflußt du die Heilungsarbeit womöglich durch deine eigenen Pläne. Überprüfe deine Motive gründlicher.

Sprich mit Gefühl folgende AFFIRMATION: »Ich bitte darum, daß meine Absichten rein und mein Ziel klar sein möge. Möge diese Heilung geschehen zum Wohl des höchsten Zieles unserer Seele und dem von Mutter Erde.«

MEDITATION ZU ABSICHT UND ZIEL

- Du bist eine tiefe, breite Schale, bereit, die Führung von Reikimeistern und -lehrern anzunehmen.
- Du stehst so in einem Raum, der vom reinweißen Licht des Geistes erfüllt ist. Das weiße Licht strahlt Liebe und Heilung vom glückseligmachendsten Wesen der Erde aus. Im Lichtschein siehst du deutlich das Ziel deiner Arbeit mit den Reiki-Seelenbildern.
- In die Schale, die du bist, fließt reines, sauberes Wasser vom Kosmischen Berg deiner Träume. Das Wasser und Licht sind klar, rein, frei von verborgenen Wünschen und dem Festhalten an irdischen Dingen.
- Du »kennst« das höchste Ziel deiner Seele zwar nicht bewußt, doch du bist froh, ein Mittel zu sein, mit dessen Hilfe deine Seele ihren Zweck erfüllen kann. Du dankst der Quelle für die Gaben, die du durch die Arbeit mit den REIKI-KARTEN erhalten hast.

Überlege, inwiefern du aus dem Gleichgewicht geraten sein könntest. Nur wenn wir geerdet sind – d. h. in Empfinden, Gefühl, Handeln und in der Stabilität der materiellen Welt verwurzelt sind –, können wir heilen.

Erdung ist bei jeder Energiearbeit ein wichtiges Prinzip. Gleichgewicht ist das Ziel jeder spirituellen Praxis. Wenn wir Reiki geben oder empfangen, kommt unser Energiesystem automatisch ins Gleichgewicht: Sind wir zu »kalt«, schenkt uns Reiki Wärme; sind wir zu »warm«, verschafft es uns Kühlung.

Unsere Haupt-Energiebahnen verlaufen senkrecht durch unseren Körper, während unmerkliche, feinere Ströme in anderen Richtungen verlaufen. Dieser erdzentrierte Pol hält unsere Verbindung zur Erde aufrecht und das Gleichgewicht mit der natürlichen Welt, in der wir leben. Wird über den Körper eine energetische Verbindung hergestellt, nennt man das Erdung. Erdung bedeutet, daß wir uns der Verbindung unseres Körpers zur Erde bewußt sind. Sie entsteht durch den intensiven Kontakt, den wir über unsere Füße und Beine zur Erde herstellen. Alle überschüssige Energie wird in den Boden abgeleitet. Wir spüren dann, daß wir auf unseren eigenen zwei Beinen stehen und den nächsten Schritt in unserem Leben tun können.

Wir können nur dann voll gegenwärtig, konzentriert und tatkräftig sein, wenn wir geerdet sind. Wir können erst dann unser Bewußtsein erheben, wenn wir in Empfinden, Gefühl, Handeln und in der Stabilität der materiellen Welt verwurzelt sind. Ist das Bewußtsein vom Körper abgelöst, ist es so breit, so unbestimmt und so leer, daß es uns bei der spirituellen Entwicklung nicht nützen kann. Ist das Bewußtsein hingegen mit dem Körper verbunden, durchströmt dynamische Energie unser ganzes Wesen. Wir haben uns an das System »angeschlossen«.

Die Polaritäten dieses Archetyps sind *Zentriertheit* und *Zerstreutheit*. Sind wir zentriert, fühlen wir uns ganz und vollständig. Wir müssen in der Lage sein, auf die uns umgebende Welt zu reagieren und ihren berechtigten Ruf zu hören.

Sind wir zentriert, haben wir einen Sammelpunkt, eine Mitte, und wissen, wo diese ist und wie wir dorthin gelangen können. Bringen uns der Streß und die Belastungen des Alltagslebens aus dem Gleichgewicht, dann wissen wir, wie wir uns auf gesunde Art wieder zentrieren können.

Ist unsere Energie zerstreut, bringen wir nicht viel zuwege und befinden uns in einem ständigen Durcheinander. Durch ein Trauma zerstreut sich unsere Energie, und wenn dieser Zustand zu lange anhält, brechen wir womöglich sogar auseinander. Wir können nicht andauernd in einem Zustand chronischer Krise leben; wollen wir in unsere Mitte zurückfinden, müssen wir unsere Probleme lösen. Mit Gott als unsere Mitte brauchen wir nichts zu fürchten. Bewege dich ein wenig mehr in die andere Richtung.

WENN DU DIESE KARTE ZIEHST, bist du in irgendeiner Weise aus dem Gleichgewicht geraten. Vielleicht hast du eine tiefe seelische Verletzung erlitten, ein Trauma, so daß deine Energie in alle Richtungen zerstreut wurde. Du solltest ein Ritual durchführen, um zur Harmonie zurückzufinden.

Liegt die Karte AUFRECHT, bist du die meiste Zeit in deiner Mitte. Bleib dabei. Achte darauf, auch körperlich mit Mutter Erde in Verbindung zu bleiben.

Liegt die Karte UMGEKEHRT, brauchst du Ausgewogenheit in deinem Leben. Vielleicht mußt du dich mit einer Übung wieder erden. Probiere folgendes: Stelle dich aufrecht hin, die Füße schulterbreit auseinander und die Arme locker neben dem Körper. Finde zur Mitte deines Körpers, indem du sanft hin und her, vor und zurück schaukelst, bis du einen Sammelpunkt spürst und zum Stillstand kommst. Stelle dir vor, du wärst eine Eiche, deren Wurzeln tief in die Erde reichen und deren Äste in den Himmel ragen. Trage dieses Gefühl in der kommenden Woche in dir.

Sprich mit Gefühl folgende AFFIRMATION: »Ich bin fest in Mutter Erde verankert. Ich gehe mit Gleichgewicht durch das Leben.«

MEDITATION ZU ERDUNG UND GLEICHGEWICHT

■ Du sitzt an einem Tisch an einem dir vertrauten Ort. Auf dem Tisch liegt ein riesiges Puzzle, das die wichtigen Bereiche deines Lebens zeigt. Das Bild ist unvollständig; es fehlen ein paar Teile. In dem Bild siehst du die Zeiten in deinem Leben, als der Wind des Geistes durch dich hindurchblies; die Zeiten, wo du durch den dunklen, endlosen Tunnel gingst; jene Zeiten, in denen du auf den Grund der tiefsten Grube fielst; die Zeit, als du dich verliebtest – in einen Menschen und in das Leben an sich. Es ist alles da.

- Da sitzt du nun und durchlebst die Teile noch einmal. Du sinnierst über ihre Bedeutung nach. Du spürst einen inneren Drang, mit dir selbst nun Frieden zu schließen.
- Plötzlich öffnet sich eine Tür, und ein heftiger Wind bläst durch den Raum, der alle Teile deines Puzzles durcheinanderwirbelt. Alle Teile deines Lebens über den Boden verstreut. Panisch versuchst du, sie aufzuheben, aber der Wind weht nun noch stärker. Der Mut verläßt dich, als du versuchst, gegen den Wind der Veränderung anzukämpfen.
- Eine ganze Weile versuchst du, die verstreuten Teile aufzusammeln. Tagelang, wochenlang, monatelang, ja jahrelang. Du jammerst. Du tobst. Du betest. Du versuchst verstandesmäßig herauszufinden, welches Teil an welche Stelle gehört. Du fragst andere nach ihrer Meinung. Nichts funktioniert! Du bist seelenkrank.
- Schließlich fügst du dich in deine Lage. Du ergibst dich dem, was noch kommen mag. Du setzt dich mitten in das Durcheinander, das dein Leben jetzt darstellt. Ergeben senkst du den Kopf und weinst. Während deine Tränen herabfließen, schlüpfst du an diesen ruhigen, heiligen Ort in deinem Innern.
- Wieder kommt ein starker Wind auf, diesmal aber geht er von jenem Ort tief in deinem Innern aus. Die verstreuten Teile deines Lebens finden ihren Platz, und du siehst das Gesamtbild. Das Ganze – keine Einzelteile mehr … Du lachst. Du lachst lang und laut.

12. GEBET UND MEDITATION: ÖFFNEN UND SCHLIESSEN

Überprüfe, wie du betest … Versuche, Gedanken und Gefühle von Liebe und Wertschätzung durch dein Wesen strömen zu lassen. Das ist Gebet und Meditation.

Gebet und Meditation sind die Grundlage aller spirituellen Disziplinen. Gebet bedeutet, dich aktiv deinem höheren Bewußtsein zu öffnen. Es gibt so viele Formen von Gebet, wie es menschliche Bedürfnisse gibt – vom einsamen, stillen, kontemplativen, weitgehend formlosen Gebet bis hin zu formeller Rezitation, verbalen Übungen und konkreten Bilderwelten. Jemand hat einmal gesagt, daß zur Gebets»arbeit« unabdingbar Liebe gehöre – Mitgefühl, Empathie und von Herzen kommende Fürsorge, jene Art von Liebe, die befreiend wirkt und nicht einem bestimmten Zweck dient.

Meditation verbindet uns mit unserem tiefsten Selbst und unserer Quelle. Sie läßt in uns einen Raum entstehen, so daß Geist eintreten kann, und ermöglicht eine Transformation. Von allen Praktiken verändert die Meditation das Bewußtsein am stärksten. In der Meditation versuchen wir, die Kontrolle über unser Bewußtsein loszulassen. Wir gestatten uns, uns zu entspannen, damit die fragmentierten Teile unseres Selbst zusammenwachsen und ganz heil werden können.

Die Polaritäten dieses Archetyps sind *Offenheit für die göttliche Kommunikation* und *ein verschlossenes Herz.* Ist unser Herz für die Liebe offen und unsere Seele für Gott, befinden wir uns im Zustand der Gnade, an einem Ort des Gebens und Empfangens. Wir geben Gott – und damit auch dem Göttlichen in einem anderen Menschen. Doch wenn wir einander mit offenem Herzen geben, machen wir uns verletzlich. Wir räumen einem anderen die Macht ein, uns zu verletzen oder uns zu helfen. Hier müssen wir vorsichtig sein, daß wir uns nicht negativen Kräften aus der materiellen oder der geistigen Welt öffnen. Bitte um Schutz, und überprüfe deine Beweggründe!

Geben kann eine Form der Kontrolle sein, wenn wir zu offen, zu extrem sind. Wenn wir Gott unsere Liebe geben, ist dies keine Garantie dafür, daß unser materielles Leben deswegen vollkommen sein wird. Schenken wir hingegen einem anderen Menschen unsere Liebe, gibt es keine Garantie dafür, daß uns Verletzungen erspart bleiben, denn es ist Teil der menschlichen Natur, die Großzügigkeit eines anderen auszunutzen. Sind wir hingegen zu verängstigt oder zu wütend, um von Herzen zu geben, so verschließen wir uns allen Segnungen und aller Gnade, die wir bekommen könnten. Ein verschlossenes Herz schützt das innere Herz und hält Gefahren ab, aber es hält auch Liebe und Fülle ab.

Der Schlüssel zu diesem Archetyp – wie auch zu allen anderen – ist *Gleichgewicht*. Wir sollten lernen, zu geben und zu nehmen in einem Energieaustausch.

WENN DU DIESE KARTE ZIEHST, solltest du überprüfen, wie du betest. Vielleicht betest du wie ein Kind, das um etwas bittet, als wäre Gott der Weihnachtsmann.

Liegt die Karte AUFRECHT, dann enthält dein Gebet wirklich Gedanken, die mit Liebe und aus tiefer Fürsorglichkeit gegeben oder ausgesandt werden. Du bist offen für die Kommunikation mit dem Göttlichen in Form von Senden und Empfangen.

Liegt die Karte UMGEKEHRT, bist du während der Meditation zu abgelenkt und beim Gebet zu unersättlich. Achte bei Meditation oder Gebet auf deine Absicht. Lausche. Öffne dein Herz.

Laß dein Gebet dich durchströmen. Bete aus Liebe, nicht aus Angst. Bete mit deiner Seele, nicht mit deinem Ego. Bete mit dem Herzen, nicht mit dem Kopf. Bete in der Gegenwartsform, als sei dein Wunsch bereits erfüllt. Versuche es mit: »Laß mich ein reiner Kanal für deine Liebe sein.«

Sprich mit Gefühl folgende AFFIRMATION: »Heute denke ich mir ein Gebet aus, das aus meiner Seele kommt, und meditiere über die Gaben, die ich erhalten habe.«

MEDITATION FÜR GEBET UND MEDITATION

- Du bist von der Offenheit gegenüber dem Göttlichen erfüllt. Dein Herz ist kein verschlossener Ort, sondern vom Licht des Göttlichen in dir erfüllt.
- Du stehst mit dem Gesicht Richtung Osten. Gerade geht die Sonne auf. Rosapurpurn und prächtig erstrahlt sie am Himmel. Ehrfurcht ergreift dich beim Anblick der majestätischen Natur im Morgenlicht. Du erhebst deine Hände zum Himmel. Während du zusiehst, wie die Sonne über den Wolken aufsteigt, entfaltet sich dein Geist in ehrfurchtsvoller Verehrung.
- Du gibst all die Liebe und Schönheit, die in dir ist. Und dann lauschst du in stiller Meditation darauf, daß die Stimme des Göttlichen in deine Seele dringt. Vernimm die Botschaft, und befolge sie.

13. VERTRAUEN ZU DEINER INNEREN FÜHRUNG, ZU REIKI UND DIR SELBST

Wiederhole eine Woche lang folgende Affirmation: »Ich werde mir selbst und anderen gegenüber ehrenhaft und respektvoll bleiben. Ich werde mein Leben für Veränderung und Wachstum offenhalten.«

Hawayo Takata wurde die erste weibliche Reikimeisterin, als sie, ihrer inneren Führung gehorchend, gläubig und vertrauensvoll nach Tokyo reiste, um sich dort heilen zu lassen. Auch unterrichtete sie Reiki auf viele verschiedene Arten und führte Reikibehandlungen durch. Sie lehrte, daß man Vielfalt achten solle. Obwohl wir alle verschieden sind, können wir alle lernen zu vertrauen. Ohne ein Grundvertrauen ist alles verloren.

Dieser Archetyp beinhaltet die beiden Pole *Vertrauen* und *Zynismus*. Wenn wir dem Universum vertrauen, vertrauen wir auch uns selbst, besonders unserem Höheren Selbst. Vertrauen heißt, den Glauben und die Zuversicht zu haben, daß die Ereignisse in unserem Leben einen Sinn haben und sich oft »zum Besten wenden«. Das »Beste« mag auch das höchste Ziel unserer Seele sein, statt ein Bedürfnis unseres Egos. In einem ausgewogenen Leben hat Zynismus keinen Platz.

Das Gegenteil von Vertrauen ist Zynismus. Der Zyniker ist zumeist ein verbitterter, wütender Mensch, der immer alles unter Kontrolle hat und glaubt, jeder handele aus reinem Egoismus und es gebe in Wahrheit keine Höhere Macht, deren Liebe uns motiviert. Vertrauen heißt, die Kontrolle aufgeben – und dies kann sich ein Zyniker nicht erlauben, denn dann stünde er allein in einer kalten, grausamen Welt.

Es stimmt zwar, daß die meisten Ideen einer gründlichen Überprüfung bedürfen, aber wir dürfen auch nicht ins andere Extrem, ins Mißtrauen, verfallen. Wir brauchen nicht zum Zyniker zu werden, müssen aber doch manche Dinge und Menschen objektiv einschätzen. Wenn wir ständig mißtrauisch auf der Hut sind, ehren und respektieren wir nichts und niemanden. Wir können lernen, Beurteilung und Vertrauen in unserem Herzen in Einklang zu bringen.

Wenn du diese Karte ziehst, mußte deine Heilung vielleicht durch eine persönliche Krise eingeleitet werden. Du vermagst allen Traditionen zu vertrauen, sie zu achten und zu ehren, selbst wenn sie sich von deiner eigenen unterscheiden.

Liegt die Karte AUFRECHT, hast du die Vorstellung, deiner inneren Führung zu vertrauen, verinnerlicht. Du entwickelst Vertrauen zur archetypischen Reiki-Arbeit.

Liegt die Karte UMGEKEHRT, bringst du womöglich ein inneres Mißtrauen gegenüber dir selbst und dem Universum zum Ausdruck, das nicht gerechtfertigt ist. Überprüfe deine Beweggründe.

ÜBERLEGE, wie du dich zum Ausdruck bringst. Bitte einen lieben Freund um Rückmeldungen dazu, wie du dich im Kontakt mit deiner Umwelt verhältst. Frage ihn, ob dich andere für vertrauenswürdig halten.

VERTRAUENS-MEDITATION

- Du wirst größer und größer. Du bist ein riesengroßes Wesen geworden, größer als die Erde. Du bist ein Schamane, der seine Gestalt beliebig verändern kann. Du reist um die Erde, ja sogar in die Erde hinein und beobachtest dabei alle Arten von Leben und Nichtleben.
- Du veränderst deine Gestalt und bist ein Adler mit weit ausgebreiteten Flügeln und scharfem Auge, der das kleinste Wesen unter sich zu erspähen vermag.
- Du siehst einen kleinen Hasen und wirst ein Hase. Deine Nase kraust sich, und deine Ohren werden länger. Der Hase läuft vor dem Tiger davon. Dein Körper wird lang und schmal. Mit Hilfe deiner Krallen erklimmst du Bäume. Du pirschst dich an deine Beute heran und erjagst sie.
- Du siehst einen Elefanten, der in aller Ruhe aus einem kühlen Bergbach trinkt. Deine Nase wird zum Rüssel, mit dem du Futter in dein Maul stopfst.
- Da steht ein Felsen, ein Berg. Du wirst unbeweglich und fest. Du bist ein Stein.
- Jetzt wirst du riesengroß. Du bist ein Berg.
- In rascher Abfolge wirst du ein Baum und dann ein Wald voller Bäume.
- Du bewegst dich durch die Weltmeere und wirst ein Wal, das größte Säugetier auf der Erde. Du beobachtest Abertausende verschiedener Lebensformen im Meer ... Fische, Korallen, Algen, Sand am Strand.
- Du siehst jetzt die Millionen Insekten und andere mikroskopisch kleine Lebensformen um dich herum, von der kleinsten Staubmilbe bis zum größten Insekt.
- Nach deiner Reise um die Welt bist du am meisten von der verblüffenden Vielfalt alles Lebenden und alles Unbelebten beeindruckt. Du respektierst und ehrst zutiefst das ganze Universum und vertraust seiner Ordnung.

Handle zum Wohle aller. Dein Opfer wird geheiligt werden durch dein klares Ziel und deine reine Absicht.

Dr. Chujiro Hayashi, Dr. Usuis Nachfolger, vollzog ein geheiligtes Opfer, als er lieber seinen eigenen Übergang vollzog (d. h., sich den Tod gab), als die Lebensregeln und Traditionen des Reiki zu verraten. Dies ist sicher Teil der alten japanischen Kultur – von uns aber wird anderes verlangt: Wir müssen lernen, negative Eigenschaften wie Stolz, Hochmut oder Unersättlichkeit zu opfern, um ein Leben der Transzendenz zu führen.

Die polaren Kräfte dieses Archetyps sind *Transzendenz* oder *Hingabe* und *Niederlage* oder *Festhalten*. Transzendieren bedeutet, eine dem Menschen gesetzte Grenze zu überschreiten. Immer in diesem Zustand zu leben ist menschenunmöglich und auch nicht erstrebenswert. Unseren Willen dem Willen Gottes zu unterwerfen ist ein spirituelles Ziel, aber wir können der Verantwortung für unser eigenes menschliches Handeln und unser menschliches Leben nicht aus dem Weg gehen. Wir übergeben unseren Willen und transzendieren unser niederes menschliches Selbst erst, wenn wir alles Menschenmögliche getan haben, um eine bestimmte Situation zu heilen. Dann haben wir unseren Teil getan und unseren Schwur, durch unsere *materielle* Welt zur Spiritualität zu gelangen, erfüllt.

Transzendenz basiert auf Vertrauen. Wenn wir der geistigen Welt vertrauen, liefern wir unseren Willen dem Einen Willen aus und transzendieren so irdische Belange. Eine spirituelle Niederlage hingegen erleiden wir, wenn wir an etwas festhalten, was sich nicht bewerkstelligen läßt, oder uns weigern, die Kontrolle über einen anderen Menschen aufzugeben. Aber nicht nur die Kontrolle über andere und unsere Vorstellungen geben wir ab: Wenn wir eine spirituelle Niederlage vermeiden wollen, müssen wir lernen, unsere menschliche Macht in die Hände des Göttlichen, von Allem-Was-Ist, in die Hände unseres Ursprungs zu übergeben. Für unsere Seele gibt es keine Niederlage.

Wenn du diese Karte ziehst, ist dies womöglich ein Aufruf an dich, ein Opfer zu bringen.

Liegt die Karte AUFRECHT, bist du mit dem Konzept von Hingabe und Transzendenz bereits gut vertraut. Vielleicht mußt du dich mehr mit der Erde und ihren Prinzipien verbinden: Werde nicht zu »luftig«. Bleibe mit beiden Beinen fest auf der Erde, und bewege dich in die Mitte dieses Spektrums.

Liegt die Karte UMGEKEHRT, darfst du keine Niederlage deiner höchsten Prinzipien und Ideale zulassen. Vielleicht hältst du aber allzu sehr an Idealen und Prinzipien fest, die überholt sind und dem Wohle eines von dir geliebten Menschen nicht mehr förderlich sind.

ÜBERLEGE, was es ist, das du loslassen mußt. Dieses Sich-Ergeben bedeutet nicht nur loszulassen, sondern deinen kleinen menschlichen Willen mit dem Einen Willen in Einklang zu bringen. Handle zum Wohle aller.

Sprich mit Gefühl folgende AFFIRMATION: »Ich weihe meinen Reiki-Weg bereitwillig und voller Freude. Wie oben, so unten.«

MEDITATION ZUR TRANSZENDENZ

- Begib dich an einen Ort tief in deinem Innern, denn diese Zeremonie wird dein Leben verändern.
- Mache eine Bestandsaufnahme deiner Eigenschaften, Wesensmerkmale und Eigenheiten. Denke darüber nach, wie sich das archetypische Reiki auf dein Leben auswirkt.
- Du findest dich nun in einem herrlichen, goldenen Tempel. Du weißt, dies ist der Tempel des Großen Strahlenden Lichts, der Tempel, in dem, wie du gelesen hast, der Geist früherer Reikimeister und -lehrer lebt. Du weißt, daß sich dieser Tempel in deiner Seele befindet.
- Du trägst ein weißes Zeremoniengewand, auf dem vorn und auf den Taschen in Gold die Reikisymbole eingestickt sind. Auf der Rückseite prangt ein großes goldenes Om-Symbol.
- Du begibst dich in den Altarraum, und vor dir steht ein wunderschöner Altar. Auf beiden Seiten stehen jeweils zwei Kerzenleuchter, und auf dem Altar liegt ein herrliches Altartuch, dessen Stickereien dieselben wie auf deinem Gewand sind. In der Altarmitte steht eine große silberne Schale für zeremonielle Räucherungen. Du weißt, daß dies die Opferschale in diesem Tempel ist. Du nimmst neben dem Altar an einem kleinen Tisch Platz. Du ergreifst einen Federkiel und schreibst auf, was du in deinem Leben opfern mußt. Das könnte der Ausgang eines bestimmten

Vorhabens sein, eine Beziehung oder dein Stolz, dein Hochmut, deine Angst, die Bedürfnisse deines Egos, Gier oder andere Eigenschaften, Wesensmerkmale oder Eigenheiten, an denen du nicht länger festhalten kannst, wenn du dich spirituell weiterentwickeln möchtest.

- Nachdem du dein Herz und deine Seele befragt hast, bist du bereit und willens, das zu opfern, was du aufgeschrieben hast. Du empfindest große Demut und bist zutiefst davon überzeugt, daß diese Zeremonie für dich richtig ist.
- Du trägst das Blatt Papier die drei Stufen zum Altar hinauf. Du kniest nieder und sprichst dein Opfergebet. Dann erhebst du dich und hältst das Papier in die Flamme der Kerze zu deiner Rechten. Während die Flamme das Papier erfaßt und verzehrt, weißt du, daß du durch diese Flamme nun geläutert wirst.
- Du läßt das brennende Papier mit deinem Opfer in die Silberschale fallen. Als der Rauch aufsteigt, spürst du, wie sich auch dein Geist über seine Begrenzungen erhebt. Du fühlst dich klar und sauber und geläutert. Du dankst und kehrst besser und leichter als zuvor in dein Leben zurück.

15. TORII – DAS TOR

Sei bereit, einen spirituellen Weg einzuschlagen. Triff Vorbereitungen für den nächsten Abschnitt deiner spirituellen Reise. Stärke dich körperlich, emotional und/oder spirituell. Mache dich bereit, willig zu vertrauen und vertrauensvoll voranzuschreiten.

Die Vorstellung von *Torii* ist so alt wie Japan selbst. Das *Torii* ist ein Tor, das den Eingang zu dem heiligen Bezirk eines Shinto-Schreins bezeichnet und darauf hinweist, daß der Innenbereich heiliger Raum ist. Es kann aus allen möglichen Materialien bestehen, aus unbehandelten unbemalten Bäumen, aus Stein, ja sogar aus Beton. Der Torii-Stil variiert, je nach der Vielfalt von Ritualen und Vorstellungen, die zur Verehrung eines Shinto-Schreins gehören.

Wenn du eine Tür oder ein Tor durchschreitest, bedeutet dies in spiritueller Hinsicht, daß du Geistgestalt annimmst und daß das Tor deinen Geist vor Schaden schützt und bewahrt. Ein Tor ist ein Sitz der Weisheit und deutet auf Möglichkeiten zu spiritueller Erneuerung hin. Bei der Arbeit mit den Seelenbildern stellen wir uns das Torii als einen Eingang zur Initiation und einen Hinweis an uns vor, daß wir uns auf eine andere Bewußtseinsebene begeben müssen, um unser Ritual mit Würde und Anmut durchführen zu können.

Dieser Archetyp beinhaltet die beiden Pole *Bereitschaft* und *Eigensinn*. Bei jeder spirituellen Arbeit müssen wir unsere Persönlichkeit darauf vorbereiten, die Schwelle zu einem anderen Bewußtseinszustand zu überschreiten, das Geistreich zu betreten. Der Wille ist die »Exekutive« unserer Persönlichkeit. Die Willenskraft führt aus, was wir für richtig, gut oder wahr halten. Bereitwilligkeit bedeutet Wahl, Willensstärke. Sie beruht auf Vertrauen. Wenn wir vertrauen, dann ergeben wir uns und geben unsere Willenskraft ab. Wir geben unsere Macht an Gott ab.

Wenn wir unsere spirituelle Arbeit in einem normalen Bewußtseinszustand ausführen, sind wir nicht auf die Veränderungen vorbereitet, die sich mit der Hingabe einstellen. Um Fortschritte auf unserem Weg zu erzielen, müssen wir bereit sein, uns wirklich in das spirituelle Reich zu begeben. Wir können nicht hartnäckig an alten Methoden und Vorstellungen festhalten oder neue Wahrheiten ablehnen: Wollen wir in unserer spirituellen Arbeit Erfolg haben, dürfen wir nicht eigensinnig oder stur und trotzig sein.

Spirituelles Verständnis entwickelt sich von innen heraus, durch Intuition und Inspiration. Willenskraft und Bereitschaft erlangen wir – wie viele Aufgaben auf der irdischen Ebene – oft dadurch, daß wir uns nicht länger an Dinge klammern und uns auf unsere Reise vorbereiten.

WENN DU DIESE KARTE ZIEHST, triff Vorbereitungen für den nächsten Teil deiner spirituellen Reise.

Liegt die Karte AUFRECHT, gehen deine Vorbereitungen gut voran. Du hast für die Reise zum Berg alles, was du brauchst.

Liegt die Karte UMGEKEHRT, hast du dich noch nicht auf die nächste Reiseetappe vorbereitet. Vielleicht mußt du an deiner Bereitschaft und Bereitwilligkeit arbeiten.

ÜBUNG: Trage zusammen, was du für deine Reise brauchst. Das kannst du symbolisch oder ganz real tun. Willst du auf eine tatsächliche Reise gehen, suchst du dir vielleicht einen Ort der Einkehr aus – oder du nimmst an einer geführten spirituellen Reise teil. Angebote dazu findest du in jeder New-Age-Zeitschrift. Willst du deine Arbeit symbolisch verrichten, unterstützt die Arbeit mit dem Kartendeck dich darin.

Sprich mit Gefühl folgende AFFIRMATION: »Während ich zusammentrage, was ich zur Vorbereitung meiner spirituellen Reise brauche, bitte ich meine spirituellen Meister und Führer um Bereitschaft und Vertrauen. Ich danke.«

TORII-MEDITATION

- Begib dich an den Ort in dir, an dem dein inneres Selbst weilt. Laß dieses innere Selbst sich im Licht spirituellen Verständnisses für das sonnen, was deiner Meinung nach an diesem Punkt deines Lebens richtig und wahr ist. Bist du beispielsweise darauf programmiert gewesen, zu glauben, daß recht hat, wer Macht hat (oder ein ähnliches Konzept), dann hast du inzwischen verstanden, daß dies unwahr ist. Benutze nun deinen Willen, um eine andere Vorstellung in der Welt zu manifestieren: die Vorstellung, daß sich das, was richtig und wahr ist, in der materiellen Welt durchsetzen wird, weil es auf spirituellen Prinzipien basiert, welche über die pure Materie hinausreichen.
- Du siehst vor dir ein Torii, ein Eingangstor zum spirituellen Reich. Deine Knie werden schwach, du schwitzt und du zitterst ein bißchen. Dir wird klar, daß du nie

mehr derselbe/dieselbe sein wirst, sobald du durch dieses Tor geschritten bist. Du weißt, daß du deinen ganzen Willen aufbringen mußt, um deine Füße voranzubewegen. Du fürchtest dich, weil du nicht weißt, *was* du werden wirst. Doch bereitwillig benutzt du die Instrumente, die du durch deine Arbeit mit den archetypischen REIKI-KARTEN an die Hand bekommen hast. Du betest, bittest um Führung, du meditierst und bittest um Bereitschaft. Du empfindest Demut und Ehrfurcht.

- Etwas löst sich tief in dir, und du weißt, daß du nun wirklich bereit bist, deine spirituelle Reise fortzusetzen.
- Du schreitest durch das Tor. Du dankst für die neue Chance.

Wasser kann auflösen, erlösen, fortwaschen und erneuern. Wasser repräsentiert den Kosmos in seiner Gesamtheit. Es ist die flüssige Entsprechung von Licht. In Form von Regen ist es die befruchtende Kraft des Himmelsgottes, die Fruchtbarkeit. In Form von Tau ist es Gnade und Segnung.

Wasserfälle sind Teil der Shinto-Schrein-Rituale. Es heißt, Dr. Usui habe an einem Wasserfall meditiert, bevor er den Berg Kuriyama erstieg. Wasserfälle entstehen, wo Wasser von einer höhergelegenen Stelle zu Tiefergelegenem herabfließt, und symbolisieren so die Einheit von Göttlichem und Menschlichem. Aufgrund seiner Höhe hat der Wasserfall die gewaltige Kraft von Wasser in Bewegung und symbolisiert damit auch neues schöpferisches Potential.

Bei den Reinigungsriten alter Kulturen stellte man sich nackt unter den Wasserfall, zum Zeichen seiner Verletzlichkeit und Offenheit für die Macht des Göttlichen. Der Teich, der oft einen Wasserfall aufnimmt, umschließt das Heilige und ist der Teich der Reinigung. Unter einen Wasserfall stellt man sich zum Zeichen seiner Demut und bittet darum, von allen Krankheiten und Unreinheiten befreit und mit reinem Herzen neu geboren zu werden.

Wasser ist an und für sich undifferenzierte, nicht manifestierte, potentielle Energie. Wasser wird mit Mutter, Geburt und dem Schoß der Erde in Zusammenhang gebracht. In Japan gibt es den Begriff *nagáre*. Es bedeutet Fluß des Lebens. Wasser fließt und fließt und erneuert sich ständig. Bäche, Seen, Flüsse und andere Gewässer, aber besonders Wasserfälle, sind beliebte Meditations- und Reinigungsorte, Orte der Erneuerung und Neugeburt. Wasser in all seinen Erscheinungsformen ist eine wunderschöne Metapher für das Leben.

Die beiden polaren Kräfte dieses Archetyps sind *Reinigung* und *Verschmutzung*. Wenn wir an dem Reinigungs-Ende des Spektrums leben, neigen wir dazu, allzuoft Reinigungsrituale zu vollziehen, was auf Angst und mangelndes

Vertrauen in das Universum hinweist. Ein Leben in diesem Zustand äußert sich mitunter in zwanghaften Gewohnheiten wie zu häufigem, zu intensivem Duschen oder obsessivem Händewaschen. Sobald wir merken, daß unsere Gewohnheiten zwanghaft werden, sollten wir uns auf das andere Ende des Spektrums zubewegen, Verschmutzung jedoch vermeiden.

Im Zustand der Verschmutzung gehen wir mit unserer – körperlichen, geistigen oder spirituellen – Gesundheit achtlos um. Wir passen uns an eine verschmutzte Welt an. Wollen wir gesund bleiben, dann müssen wir uns in die Mitte des Spektrums oder noch weiter in Richtung Reinigung bewegen.

Wenn du diese Karte ziehst, weißt du, daß du aufgefordert bist, etwas in deinem Leben zu reinigen. Vielleicht hast du eine oder gar mehrere zwanghafte Verhaltensweisen? Vielleicht vernachlässigst du einen anderen Lebensbereich, der der Reinigung und Klärung bedarf?

Liegt die Karte aufrecht, heißt das, daß du Reinigung und Reinigungsrituale eher angemessen und maßvoll vollziehst. Versuche es einmal mit folgendem Ritual: Denke dir ein Dankgebet aus. Schreibe es auf ein Blatt Papier, und falte das Papier zusammen. Hänge dein Gebet an eine für dich besondere Stelle und widme das nähere Umfeld seiner reinigenden Kraft.

Liegt die Karte umgekehrt, solltest du ein Reinigungsritual mit Wasser durchführen. Gut geeignet ist das folgende: Lasse dir, nachdem du ein Gebet mit einem besonderen Wunsch gesprochen hast, ein Bad ein, in das du etwas Meersalz oder ein anderes reinigendes Mittel, etwa Bittersalz, gibst. Wenn du willst, kannst du auch ein paar deiner vom Meer mitgebrachten Muscheln ins Wasser legen. Lasse während des Badens (oder auch Duschens) symbolisch einen Wasserfall oder die lebenspendenden Wasser eines geheiligten Ortes vor dir erstehen. Stelle dir vor, wie die Farben des Regenbogens all deine Chakren durchspülen, während diese sich öffnen und vor Liebe und Energie pulsieren.

Danke, wenn du fertig bist. Dein Gebet wird immer erhört.

Denke nach: In alten Zeiten stellten sich Menschen unter einen Wasserfall, um zu spüren, wie das Wasser kraftvoll zur Erde hinabfloß, und um Herz und Seele zu reinigen. Heute kannst du dich unter die Dusche stellen und ebenso spüren, wie die Kraft des Wassers dich reinigt.

Denke über fliessendes Wasser nach: Rufe dir das japanischen Konzept *nagáre* in den Sinn, das bedeutet, im Fluß deines Lebens mit jedem Augenblick mitzuschwimmen und jeden vergangenen Moment loszulassen. Am Dahinfließen des Wassers, an den Jetzt-Momenten, erkennen wir, daß alles sich erfüllen wird, wenn Gott den richtigen Zeitpunkt für gekommen hält.

Sprich mit Gefühl folgende Affirmation: »Wie ich dem Wasserfall erlaube, über meinen Kopf und meinen Körper zu fließen, so erlaube ich Gott, mein gesamtes Wesen mit Liebe und Fülle zu beschenken. Ich lebe in Dankbarkeit für all meine Segnungen.«

Wasserfall-Meditation

- Du hast dich durch das Torii in den heiligen Bezirk begeben. Doch du fühlst, daß weltliche Energie noch verschmutzend an dir haftet. Die Unreinheiten und die Korruption der äußeren Welt nagen an dir. Es kommt dir vor, als littest du an einer Krankheit. Deine Haut ist unrein. Dein Blick ist trübe. Und du hörst auch nicht gut. Du hast dir die Belange und Sorgen der Welt aufgeladen und bist noch nicht von ihnen gereinigt worden.
- Du siehst vor dir einen funkelnden Wasserfall, der in Kaskaden den Kosmischen Berg herabstürzt.
- Der Wasserfall enthält in seinen Wassern das gesamte Farbspektrum des Regenbogens.
- Du spürst, daß ein paar deiner Chakren blockiert sind. Du läßt deine Alltagskleidung fallen und stellst dich nackt unter den farbig leuchtenden Wasserfall.
- Während das warme, reinigende Wasser über deinen Körper fließt, fühlst du, wie auch dein Geist, dein Herz und deine Seele gereinigt werden. Deine Gedanken wenden sich spirituellen Dingen zu. Du fühlst die Liebe in deinem Herzen, und deine Seele erhebt sich, um der Quelle, deinem Ursprung zu begegnen.
- Sobald du merkst, wie die spirituelle Energie in dein Wesen zurückkehrt, trittst du unter dem Wasserfall hervor und legst das warme, weiße Gewand des archetypischen Reiki an. Du weißt, daß du dich ein Leben lang an das Konzept von *nagáre* erinnern und ein Leben aufeinanderfolgender Jetzt-Momente führen willst. Du trinkst ein Glas sauberes, klares Wasser und fühlst, wie es deine Seele reinigt, während du in dein Leben zurückkehrst.

17. DER ODEM DES DRACHEN: SPIRITUELLE INITIATION

Nimm den Drachen als deinen Geistführer. Sein feuriger Atem wird dein *ki* stärken. Versuche folgendes zu sagen: Mit dem Odem des Drachens blase ich Kraft in meine Seele.

Der Drachen ist ein kraftvolles Symbol, das für Lebenskraft und große Stärke steht. Jetzt ist der Zeitpunkt gekommen, deine eigene Kraft zu leben. Drachen sind auch die Hüter von Schätzen. Der Schatz, den dein Drache bewacht, ist vielleicht dein kostbares Höheres Selbst …

In alten Geschichten heißt es oft, daß in einer von einem Drachen bewachten Höhle unermeßliche Mengen Gold und Edelsteine liegen. Damit ist im allgemeinen die spirituelle Weisheit gemeint, die im Unbewußten verborgen liegt. Der *geflügelte* Drache ist ein kraftvolles Symbol für Transzendenz und kann das Aufsteigen zu spirituellen und mystischen Höhen bedeuten. Der Drachenodem ist wie das Feuer der Läuterung. Auch das Christentum und der Shintoismus verwenden Feuer – vor allem bei Räucherungen – zur Reinigung. In der Reiki-Tradition gibt es eine entsprechende Zeremonie; hier reinigen wir mit dem Feuer des Drachenodems und symbolisieren durch ihn die Macht und die Leidenschaft, die wir zur Heilung von uns und unserem Planeten einsetzen. (*Anm. d. Ü.:* Dies wird nicht in jeder Überlieferung so gelehrt.)

Dieser Archetyp beinhaltet die Polaritäten *Ausrichtung* und *fehlende Ausrichtung*. Bei der Arbeit mit den REIKI-KARTEN bedeutet Ausrichtung einfach eingestimmt sein auf die Reiki-Energie.

Am anderen Ende des Spektrums steht die *fehlende* Ausrichtung, wobei wir nicht mehr mit der uns umgebenden spirituellen Heilenergie in Einklang stehen. Wenn wir uns in die Mitte dieses Archetyps bewegen, benutzen wir die Symbolkraft des Drachenodems, um uns wieder in Einklang mit der spirituellen Energie in all ihren Erscheinungsformen zu bringen.

WENN DU DIESE KARTE ZIEHST, ist das ein Hinweis darauf, deine eigene Kraft, die Kraft des Drachens, zu leben. Stelle dir den Drachen als mächtigen Verbündeten vor, der dir deine Macht zu stärken und zu erhalten hilft. Arbeite mit ihm, dann wird sein feuriger Atem dein *ki* stärken.

Liegt die Karte AUFRECHT, stehst du mit der dich umgebenden spirituellen Energie in Einklang. Vielleicht bist du dir aber deiner selbst zu sehr bewußt? Das hieße, das Geistbewußtsein zu ignorieren.

Liegt die Karte UMGEKEHRT, bist du aufgefordert, dich auf die spirituelle Energie des Drachenodems einzustimmen. Ein Grund, weshalb wir nicht mit der spirituellen Energie in Einklang sind, könnte eine Atmung sein, die die Bauchmuskeln zu stark anspannt. Lerne, diese etwas lockerzulassen.

MACHE TÄGLICH FOLGENDE ÜBUNG: Leg dich auf den Rücken, die Arme locker an den Seiten, die Knie angewinkelt, so daß deine Füße auf dem Boden stehen. Laß beim Einatmen Luft in deinen Bauch strömen, und hebe dabei dein Becken ganz leicht an. Beim Ausatmen legst du es wieder ab. Führe diese Übung langsam und sanft aus.

Sprich mit Gefühl folgende AFFIRMATION: »Ich finde mit Hilfe des Drachenodems zu meiner eigenen Kraft.«

DRACHENODEM-MEDITATION

- Du befindest dich an einem nebligen Ort, an dem viele Steine herumliegen. Es ist ein Ort aus alter Zeit. Du spürst die Kraft dieses Ortes und weißt, daß du aus einem wichtigen Grund hier bist. Du bist hier, um die Arbeit des Drachen zu verrichten.
- Du siehst einen wunderschönen alten Baum mit herabhängenden Zweigen. In seinem Schatten steht eine Steinbank. Du setzt dich auf die Bank und siehst dich um. Eine goldene Blume scheint dich zu rufen. Du betrachtest sie und siehst, wie sich aus ihrer Mitte ein wunderschöner grün-goldener Drache erhebt. Feuer sprüht aus seinen Nüstern, aber es ist kein verzehrendes Feuer, sondern das Feuer der Reinigung. Du fragst ihn, ob er hier ist, um dir zu helfen. Auf telepathische Weise teilt er dir mit, daß dies so ist und daß er dir so lange helfen wird, wie du seine Feuerkraft und Energie brauchst.
- Der Drache bedeutet dir, auf seinen Rücken zu steigen und dich an den Stacheln seines Halskammes festzuhalten. Du willigst ein, auch wenn du Angst hast. Du stellst fest, daß die Stacheln gar nicht weh tun, denn sie sind von weicher Lederhaut umhüllt. Während der Drache durch die Lüfte fliegt, genießt du die Kraft und die Freiheit. Du spürst, wie dich Drachenkraft durchdringt. Du stellst fest, daß dein Atem nun dem des Drachen ähnelt, denn ihr beide seid eins geworden.
- Du weißt, daß du jetzt mit Hilfe der geistigen Welt zu deiner eigenen spirituellen Kraft gefunden hast. Du dankst Gott dafür.

Geh in dein Inneres, in dein tiefes Unbewußtes. Betritt bereitwillig die dunklen Orte in deinem Innern, und sei mit dir ganz ehrlich. Hole diese Teile von dir ans Licht, wo du sie deutlich sehen kannst.

In alten Kulturen war die Höhle ein heiliger Ort der Einweihung, das Zuhause der Geister, welche die Phantasie der Menschen damals bevölkerten. Die Höhle ist die Mitte eines kosmischen Berges und verkörpert auch das weibliche, im Innern des Berges verborgene Yin-Prinzip. Die Höhle ist ein Mutterschoß, warm, dunkel und tröstlich. Sie repräsentiert das Unbewußte oder den Eingang zur Unterwelt. Die Höhle symbolisiert den Ort des spirituellen Rückzugs, an dem sich die Vereinigung von Ego und Seele und eine Begegnung des Göttlichen mit dem Menschlichen vollziehen.

Die Höhlen des Unbewußten bergen alte Weisheit, aber um dorthin zu gelangen, müssen wir uns einer Initiation unterziehen: Wir erreichen die heilige Höhle nur durch ein Labyrinth oder einen gefahrvollen Durchgang. Der Weg zur Höhle bedeutet wie der Weg durch das Torii die Veränderung eines Zustandes, eine Bewußtseinsveränderung.

Bei der Arbeit mit den archetypischen Seelenbildern symbolisiert die Höhle einen Eingangsort, einen Ort, tief im Schoß der Erde verborgen, von dem aus wir in die

Dunkelheit hinabsteigen. In der Dunkelheit begegnen wir unserem Schatten, den nicht akzeptierten Teilen unserer Persönlichkeit. Der Kampf zwischen unserem Höheren Selbst und unserem Schatten findet in der Höhle statt. Hier ist es, wo wir unser Ego und unsere Seele verschmelzen, um eine Synergie entstehen zu lassen, die unser spirituelles Wachstum unterstützt. Beides müssen wir annehmen und ins Gleichgewicht bringen: sowohl den Schatten des Egos als auch das Licht unserer Seele, um zu gesunden.

Dieser Archetyp beinhaltet die polaren Gegensätze *Demut* und *Egoherrschaft*. Leben wir im Zustand der Demut, werden wir unter Umständen für Menschen, die andere überrennen und deren Gutmütigkeit ausnutzen, zum Fußabstreifer. In Angelegenheiten, die uns wichtig sind, sollten wir unsren Standpunkt klar vertreten, denn wenn wir zu demütig, zu oft klein beigeben, geraten wir in Schwierigkeiten. Wir müssen unserem Ego gestatten, daß es auf für uns förderliche Weise arbeitet. Wir müssen dem Verhalten der anderen auch mal Grenzen setzen.

Am anderen Ende dieses Spektrums steht allzugroße Kontrolle durch das Ego, die Egoherrschaft. Wir werden starr und sind schroff zu uns und anderen. Wenn wir zu ego-zentriert auftreten, verschließen wir uns allem und jedem, was wir mit dem Verstand nicht begreifen können.

WENN DU DIESE KARTE ZIEHST, ist dies ein Hinweis darauf, *in* dich, in dein tiefes Unbewußtes zu gehen. Du bist aufgefordert, dich bereitwillig an die finsteren Orte deines Inneren zu begeben und rückhaltlos ehrlich zu sein. Hole diese dunklen Teile von dir ans Licht, wo du sie betrachten kannst.

Liegt die Karte AUFRECHT, hast du ausreichende spirituelle Demut. Du mußt möglicherweise darauf achten, daß andere Menschen deine Gutherzigkeit – oder deine Angst – nicht ausnutzen.

Liegt die Karte UMGEKEHRT, neigst du eher zur Egoherrschaft. Du solltest darauf achten, daß dein Bedürfnis, andere zu kontrollieren, nicht dir oder anderen schadet. Auch mußt du auf deine Neigung achten, dich selbst zu streng zu kontrollieren. Nimm es etwas lockerer.

ÜBUNG: Schreibe drei Dinge auf, die dein spirituelles Weiterkommen am stärksten blockieren. Falls dein Ego dir im Weg steht, beschreibe, was du mit »Ego« meinst. Lenken dich irdische Belange ab, dann beschreibe, was dich ablenkt und wie du abgelenkt wirst. Bist du gar »faul«, dann beschreibe, was für dich Faulheit ist, wie du sie empfindest und wie sie deinen Fortschritt behindert.

Sprich mit Gefühl folgende AFFIRMATION: »Ich möchte, wenn ich die Höhle meines tiefsten Selbst betrete, bereit sein, mit meiner dunklen Seite (benenne den Bereich, der dir am meisten Sorgen bereitet) zu kämpfen, damit ich spirituelle Erleuchtung erlange und den Berg ersteigen kann.«

HÖHLEN-MEDITATION

- Du befindest dich auf der letzten Etappe deiner langen Reise zu deinem Höheren Selbst. Die äußere Welt hält dich nun schon seit vielen Jahren gefangen. Du hast bereits Schritte unternommen, um diese Last abzuwerfen. Du hast durch das Torii heiligen Raum betreten, hast unter dem magischen Wasserfall gestanden und bist gereinigt worden. Du bist mit Hilfe des feurigen Drachenodems in ein spirituelles Leben eingeweiht worden. Doch irgend etwas bedrückt dich noch immer, belastet dein Herz und deine Seele. Als du den Atem des Drachen gespürt hast und auf seinem Rücken geritten bist, hast du den Sog der Kraft gespürt. Und er hat auch dich erfaßt. Er drang in deine Psyche, an einen Ort, wo das Ego lebt. Trotz all deiner Vorkehrungen bist du in einen Machtkampf mit einem anderen Menschen oder sogar mit dir selbst geraten. Du weißt, daß dein Schatten-Ich wieder am Werk ist.

- Du brichst zum heiligen Berg auf. An seinem Fuß stößt du auf ein gefahrvoll aussehendes Labyrinth. Es hat viele Windungen, viele durch Gestrüpp verdunkelte Stellen, an die kein Sonnenlicht dringt. Du siehst jedoch keine andere Möglichkeit, die Höhle zu betreten, die, wie du intuitiv weißt, am Ende des Labyrinths liegt.

- Du hast dich gut vorbereitet. Du hast gute, unbehandelte, frische Kost zu dir genommen. Du hast deinen Körper trainiert, so daß er jetzt fit und stark ist. In deinem privaten Tempel hast du lange und intensiv gebetet. Du hast die zeremoniellen Gewänder angelegt, die für dein Unterfangen angemessen sind.

- Nun wirfst du deine Kleider ab und salbst dich mit Öl und der heiligen roten Erde vom Fuß des Berges. Du fastest und meditierst zwei Tage und drei Nächte lang. Am Morgen des dritten Tages sagt dir deine innere Führung, daß du bereit bist. Du rufst deine geistigen Helfer und die Reikimeister um Hilfe an und betrittst das Labyrinth.

- Zehn Tage lang reist du durch das finstere und gefahrvolle Labyrinth auf der Suche nach der Höhle, wo du deine Aufgabe zu erfüllen hast. Schließlich erreichst du den Ausgang und siehst vor dir die Höhle, in der dein Höheres Selbst Ego und Seele vereinen muß. Wo der Kampf um deine Seele stattfindet.

- Mit deinen Helfern zur Seite dringst du tiefer und tiefer in die Höhle ein. Da ist dein Ego, dein Intellekt, mit seinem schrillen »Ich will! Ich brauche! Gib es mir! Gib es mir sofort!« und seinen logischen Schlüssen, die intuitiv überhaupt keinen Sinn ergeben. Das Ego ringt mit deiner romantischen Seele um die Herrschaft. Auch deine Intuition ergibt für dein Ego keinen Sinn – es muß ein Kompromiß gefunden werden! Das Ego hält die Seele umklammert, sie wälzen sich im Kampf hin und her, im Kampf um dein Leben.

- Die Schatten tanzen auf der Höhlenwand. Licht und Dunkel, Dunkel und Licht. Schließlich aber umarmen sich Ego und Seele und sagen einander: »Gute Arbeit! Gut gemacht! Jetzt verstehe ich dich!«

- Und dann tanzen sie den Tanz des Lebens, gemeinsam.

- Und der Kampf ist aus! Du hast deine Seele zurückgewonnen! Freue dich und sage Dank!

Der heilige Baum erweckt die Welt zum Leben. Meditiere und sinne über deine Beziehung zu den Bäumen in deiner Umgebung nach. Denke daran: Bäume symbolisieren Menschenwesen.

Der Baum – nährend, schützend, obdachgewährend und unterstützend – symbolisiert weibliche bzw. Yin-Energie. Bäume mit verschlungenen Ästen bezeichnen die Gegensatzpaare Yin und Yang. Mit seinen in den Himmel ragenden Ästen, die sich vom Sonnenlicht nähren, und seinen tief im Erdreich verankerten Wurzeln bildet der heilige Baum eine Brücke zwischen dem himmlischen Reich und dem irdischen Reich. Mit der Vielzahl seiner Äste steht er für die Vielfalt in der Einheit. Ein Baum ist auch ein Symbol für das Große Erwachen.

Die japanischen Shinto-Schreine sind von einem Hain umgeben. Manchmal werden ein besonderer Baum oder Felsen ausgewählt und die Gottheiten gebeten, dort Wohnstatt zu nehmen. Ein Zweig kann auch als Opfergabe bei einer spirituellen Zeremonie verwendet werden, da das aufstrebende Astwerk eines Baumes ein Symbol für sich entfaltendes Leben ist.

Bei der Arbeit mit den Seelenbildern soll der Baum die Differenzierung auf der irdischen Ebene verkörpern und den unvergänglichen menschlichen Geist symbolisieren.

Dieser Archetyp beinhaltet die beiden Pole *Verehrung* und *Profanität*. Etwas zu verehren bedeutet, ihm ehrfurchts- und respektvoll zu begegnen. Verehren wir gewöhnliche Dinge zu sehr, dann vergessen wir unseren Ursprung. Daher können wir an diesem Ende des Spektrums nicht allzulange leben.

Andererseits dürfen wir aber auch nicht das Heilige verneinen, ganz im Profanen leben oder gar frevelhaft sein. Damit verlieren wir heilige Belange aus den Augen. Wir sollten dann bei unseren Alltagsgeschäften mehr zur Mitte hinrücken.

WENN DU DIESE KARTE ZIEHST, meditiere und sinne über die Bäume in deiner Umgebung nach.

Liegt die Karte AUFRECHT, zeigst du große Verehrung für die Natur und die Dinge der Natur. Vielleicht solltest du deine Verehrung mehr auf Menschen richten.

Liegt die Karte UMGEKEHRT, arbeite daran, sowohl heiligen als auch irdischen Belangen größere Ehrerbietung entgegenzubringen.

ÜBUNG: Geh zu einem Baum in der Nähe. Setze dich darunter, und stimme dich auf seine Energie und seine Weisheit ein. Höre auf seine Stimme. Es könnte deine eigene innere Stimme sein. Höre auch auf die Stimme eines Menschen in deiner Nähe.

Sprich mit Gefühl folgende AFFIRMATION: »Ich stimme meine menschliche Energie auf die Energie des Baumes ein und bitte darum, in Schönheit auf der Erde wandeln zu können und meiner Umgebung mit Ehrfurcht zu begegnen.«

MEDITATION ZUM HEILIGEN BAUM

- Du bist in einem tiefen Wald. Schatten fallen zwischen die Bäume.
- Du gehst auf einem Pfad, auf den du gestoßen bist: Es ist nicht der Hauptweg, sondern ein schmaler Seitenpfad, der in die Welt der Bäume und Waldtiere führt.
- Während du so dahingehst, empfindest du eine andere Art von Energie. Nach einer Weile erkennst du, daß dies die Energie der Bäume ist. Du bleibst einen Augenblick stehen, setzt dich dann auf einen umgestürzten Baumstamm und lauschst.
- Während du dich auf die Energie einstimmst, fällt dir auf, daß die Energie eines bestimmten Baumes dich anzieht. Dein Auge sucht diesen Baum. Du geht auf ihn zu, umschlingst ihn und lauschst seinem Herzschlag. Ja, du fühlst seinen Herzschlag, und dein Herz schwingt mit der Energie dieses Baumes. Inzwischen hast du dich vollkommen eingestimmt. Da merkst du, daß deine Füße sich nun fest in der Erde verankert anfühlen. Du spürst, daß du Wurzeln bekommen hast und deine Wurzeln aus der Erde Nahrung heraufholen, das lebenspendende Wasser unter der Oberfläche. Du bist verwurzelt und möchtest dich nicht von der Stelle bewegen. Du siehst dich um und stellst fest, daß dir anscheinend viele Arme gewachsen sind. Du betrachtest sie: An den Stellen, an denen sie mit deinem Körper verbunden sind, sind sie dicker und werden dünner, wo sie sich zu winzigen Ästchen verzweigen, an denen – deine Blätter hängen! Denn du bist ein Baum geworden!
- Du freust dich über diese Verwandlung und bleibst dort stehen, viele Jahre lang. Glücklich nimmst du Speis und Trank, Licht und Liebe aus deiner Umgebung auf. Dann stellst du eines Tages fest, daß du deine menschliche Gestalt wieder angenommen hast, und weißt, daß du von nun an Bäumen gegenüber nie mehr gleichgültig sein wirst, denn viele Jahre lang warst du selbst einer …
- Bedanke dich für diese Erfahrung.

Du erreichst eine höhere Ebene von Spiritualität. Strebe danach, den höchstmöglichen Grad spiritueller Entwicklung zu erreichen.

In Japan wie auch andernorts sind Berge heilige Stätten, an denen sich Himmel und Erde begegnen. Sie symbolisieren das im Außen sichtbare männliche bzw. das Yang-Prinzip.

Der Berg steht für Beständigkeit, Festigkeit und Ruhe und verkörpert auf einer konkreteren Ebene ein erreichbares Ziel oder eine Gelegenheit. Wir erklimmen einen Berg, um Reinheit zu erlangen und Schutz vor Unglück. Der Berggipfel repräsentiert den Zustand umfassenden Bewußtseins. Nachdem wir unsere Arbeit in der Höhle getan haben, können wir den Berg hinauf zu einem höheren Bewußtseinszustand emporklettern und Weisheit erlangen.

Der Berg ist ein kosmischer Mittelpunkt. Wir können unsere Wirbelsäule mit der Mittelachse des Berges gleichsetzen und nähern uns so dem Kosmischen: Unser Körper dreht sich um seine Achse, so wie die Erde sich um ihre Mitte dreht.

Bei der Arbeit mit den Seelenbildern versinnbildlicht der Berg den Übergang von einer Ebene zu einer höheren, auf der wir besser mit Gott kommunizieren können.

Der Archetyp des Berges beinhaltet die beiden polaren Kräfte *Weisheit* und *Absurdität*. Weisheit ist das tiefe, umfassende Verständnis für das, was wahr, richtig oder von Dauer ist. Zur Weisheit gehört gutes Urteilsvermögen. Weisheit bedeutet, keine Verzweiflungstaten zu begehen. Weisheit an sich bedeutet Gleichgewicht. Halten wir uns aber für allwissend und ganz vollkommen, dann werden wir unerträglich. Meinen wir, alles zu wissen, verläßt uns unsere Weisheit, und wir müssen diesen Extremzustand aufgeben.

Akzeptieren wir den philosophischen Standpunkt, daß das Leben ein absurder Scherz sei, dann hat für uns alles keine rechte Bedeutung mehr, und wir verlieren jedes Gefühl für Werte. Oft scheint es, als sei das Leben absurd, was es manchmal auch ist – aber wir müssen uns zur Mitte des Spektrums begeben, damit wir das Leben und seine Wechselfälle schätzen lernen. Auch sollten wir lernen, über unsere eigene Absurdität und die des Lebens zu lachen. Lachen ist eigentlich keine spirituelle Tugend, sollte es aber sein. Denke einmal darüber nach, wie oft du wirklich von ganzem Herzen lachst.

WENN DU DIESE KARTE ZIEHST, sagt sie dir, daß du dich bereits auf eine höhere spirituelle Ebene zubewegst. In Wahrheit gibt es keine »höhere« oder »niedrigere« Entwicklungsstufe. Gewiß ist nur, daß wir unsere Seele mit dem spirituellen Wachstum hinaus ins Licht ziehen. Was wir als »höher« bezeichnen, bedeutet im Grunde nur, unsere Seele voranzulocken.

Liegt die Karte AUFRECHT, bist du auf dem richtigen Weg. Führe ein Ritual durch, bei dem du für alles dankst, was dir gegeben wurde, und meditiere in der kommenden Woche über deinen Berg.

Liegt die Karte UMGEKEHRT, steht dir ein neuer »Tod« (Transformation) bevor – nach einem symbolischen Tod gibt es eine Wiedergeburt. Etwas Neues ist im Anzug.

ÜBUNG: Führe die Berg-Meditation in der kommenden Woche täglich durch, und notiere deine Erfahrungen in dein Reiki-Tagebuch. Stelle dir während der Meditation vor, deine Wirbelsäule sei die Achse des Kosmischen Berges. *Sei* der Berg.

Sprich mit Gefühl folgende AFFIRMATION: »Während ich auf der Suche nach Weisheit den spirituellen Berg hinaufsteige, wird die Reise immer einsamer. Ich akzeptiere das und danke meinem Gott und meinen geistigen Helfern für die Reise.«

BERG-MEDITATION

- Du bist schon viele Jahre, ja vielleicht viele Leben lang auf deinem Weg gereist. Auf deiner Reise zu Ganzheit und Weisheit näherst du dich einem Plateau. Zu diesem Zeitpunkt hast du mit der Außenwelt bereits Frieden geschlossen. Nun fühlst du dich zur Weiterreise bereit.
- Auf dem Weg, der dich erwählt hat, rutschst du auf einem lockeren Felsbrocken aus und fällst der Länge nach auf den Boden. Nein, du stellst fest, daß du der Boden *bist*. Du bist flach und dehnst dich so weit aus, wie dein Auge reicht. Menschen laufen auf deiner Oberfläche, aber es stört dich nicht. Genau das ist nämlich der Sinn deines Daseins: spirituelle Reisende fest mit der Erde, von der sie ein Teil sind, zu verbinden.

- Während du über den Sinn deines Lebens nachdenkst, bemerkst du, daß du gewachsen bist. Du bist offenbar rundherum dicker und höher geworden, als du dir vorstellen kannst. In deinem felsigen Kern scheint es einen stabilen Punkt, eine ruhende Mitte zu geben. Du merkst, daß es deine Achse ist.
- Wunderschöne grüne Bäume scheinen auf deinem ganzen Gesicht zu sprießen. Jemand hat vorsichtig Straßen in deine Flanken gehauen, und es stört dich überhaupt nicht. Spirituell Suchende haben sich aufgemacht, über dein Gesicht hinaufzusteigen und die Winde der Veränderung an deinem Kopf zu spüren. Dein Kopf ist ganz hoch oben, oft in den Wolken. Gottes Odem weht um deinen Kopf, und du bist es zufrieden. Du bist hier schon seit Ewigkeiten. Du bist organisch gewachsen aus der Aktivität der Erde und ihrer Mitte. Du bist Teil der Erde und doch auch Teil derer, die nach Transzendenz suchen. Es ist gut so. Frieden erfüllt dich.

21. JINJA SHINTO: DER SCHREIN DER SEELE

Denke dir ein Ritual aus, sofern du ein solches noch nicht hast, bei dem du täglich Verbindung zum Geist und deinem Höheren Selbst aufnimmst.

Der Jinja-Schrein ist ein Shinto-Schrein, der der Verehrung von *kami* vorbehalten ist. Das Wort *kami* kann man nicht wörtlich übersetzen; es bedeutet so etwas wie den göttlichen Funken in allem, was im Universum existiert. Stuart Picken, ein Gelehrter, der sich mit Shintopraktiken beschäftigt und Bücher darüber geschrieben hat, beschreibt *kami* als »alles, was beim Betrachter Staunen und Ehrfurcht auf eine Art hervorruft, die die Göttlichkeit seines eigenen Ursprungs oder Wesens bezeugt«. Bei der Arbeit mit den Seelenbildern nennt man das, worauf Pickens Beschreibung zutrifft, Geist, Spirit, Quelle, Ursprung oder auch Gott. Diese Quelle bitten wir um Schutz vor negativen Einflüssen oder um Beistand für unser alltägliches Leben. In ihr nehmen wir Zuflucht und suchen Obdach vor den Stürmen und den Belastungen unseres Lebens. Wir sind auf der langen Reise der Seele ins Licht.

Als Schrein der Seele bezeichnen wir jeden heiligen Ort, den ein Mensch für seine Verbindung zum Göttlichen gestaltet hat. Das kann ein Ort im Freien oder in einem Gebäude sein, in dem ein heiliger Bereich abgeteilt wurde. Es kann ein natürlicher oder von Menschen errichteter Altar sein. Es kann auch ein Ort tief im Innern eines Menschen sein.

Bei diesem Archetyp gibt es die zwei Pole *Sich-Einlassen* und *Weigerung*. Wir sind aufgefordert, uns einzulassen und an diesem Ende des Spektrums zu leben. Sich-Einlassen bedeutet Vertrauen. Wir vertrauen auf das, worauf wir uns eingelassen haben. Wenn wir uns auf eine Idee, einen Menschen oder Gott einlassen, geloben wir ihm unsere Treue. Ein Sich-Einlassen darf man nicht auf die leichte Schulter nehmen. Wir müssen nicht nur unser Versprechen halten, sondern sicher sein, daß wir uns einem Weg anvertraut haben, der dem höchsten Ziel unserer Seele entspricht. Dazu sollten wir unsere tieferen Beweggründe immer wieder hinterfragen.

Wir sind aufgefordert, uns auf den Weg des spirituellen Wachstums einzulassen. Wir dürfen die Signale nicht übersehen, die uns bessere spirituelle Praktiken ans Herz legen. Leben wir im Zustand der Weigerung, am anderen Ende des Spektrums, verharren wir in der materiellen Welt und weigern uns, spirituell zu wachsen.

Wenn du diese Karte ziehst, bist du aufgefordert, dir ein Ritual zu erschaffen.

Liegt die Karte aufrecht, besitzt du wohl schon einen ausgezeichneten Schrein für deine Seele und hast dich auf deinen spirituellen Weg bereits aus ganzem Herzen eingelassen. Nimmst du täglich Kontakt zu deiner Quelle auf?

Liegt die Karte umgekehrt, könnte es sein, daß du dich weigerst, dich ganz auf einen Weg einzulassen, auf dem du dich bereits weißt. Bereite nach der Schrein-Meditation deinen Altarraum vor, so daß du in der kommenden Woche etwas hinzufügen kannst, was sich dir zeigt – was dem höchsten Ziel deiner Seele dient.

Sprich mit Gefühl folgende Affirmation: »Ich diene nicht meiner individuellen Seele. Ich ehre, verehre und diene dem göttlichen Funken in mir, in anderen Menschen und der Natur, die mich umgibt. Möge der göttliche Funke in meiner Seele leuchten und mich meinem höchsten Ziel zuführen.«

Meditation zum Jinja-Schrein

- Du bist auf einem Weg, der sich durch tiefe Wälder windet. Du gehst ganz zufrieden dahin, weißt aber, daß du doch noch nach etwas suchst. Du versicherst dir, dies zu finden, und du wirst es erkennen, sobald du es – recht bald schon – gefunden hast. Du bewegst dich nun durch ein dichtes, undurchdringliches Waldstück und stehst plötzlich auf einer Lichtung. Vor dir erhebt sich ein weißer, kuppelförmiger Tempel. Ehrfurchtsvoll näherst du dich diesem Gebäude und fragst dich, was sich wohl in seinem Innern befindet. Der Tempel ist von kleinen Türmchen umgeben, die an weiße Spitze erinnern. Du kannst fast die energetischen Schwingungen sehen und die Anwesenheit mystischer Wesen spüren.
- Du betrittst den Tempel durch den Vordereingang und findest dich auf einmal von weißem Nebel umhüllt. Du hast keine Angst, bist dir aber sicher, daß du durch diesen Nebel hindurch mußt, um das Gesuchte zu finden.
- Du gelangst zu einem stillen, kleinen Ort und weißt, du hast gefunden, wonach du gesucht hast. Hier leuchtet ein strahlendes weißes Licht. Es ist gestaltlos, doch du erkennst in seiner Energie das Licht deiner eigenen Seele. Du bist beim Schrein deiner Seele angekommen, und du freust dich, wieder mit ihr vereint zu sein. Freudig tanzt ihr zusammen. Du bedankst dich.

Ist mit deinem Körper oder deiner Arbeit etwas nicht in Ordnung? Denke daran: Du hast ein angeborenes Recht auf ein Mindestmaß an Sicherheit und Geborgenheit in deinem Leben.

Der Pfad der Manifestation. Die drei ersten Chakren – Wurzel-, Sakral- und Nabelchakra – bilden einen nach unten gerichteten Strom. Anodea Judith, anerkannte Expertin auf dem Gebiet der Integration der Chakren und ihrer Therapien, nennt diesen Strom den »Pfad der Manifestation«. Damit ist die Art gemeint, wie wir etwas Abstraktes in der Außenwelt konkret werden lassen. Wir verwandeln Geist in Materie.

Das Wurzelchakra am Ende der Wirbelsäule gilt als Teil des Systems der »unteren Chakren«, die uns an die Erde binden. Dieses Chakra ist das Fundament unserer physischen Existenz, denn es vermittelt uns Sicherheit, Geborgenheit, ein Gefühl für unser Zuhause, unsere Familie und für unser Berufsleben. Die Arbeit mit dem Wurzelchakra betrifft die Art, wie wir unsere Realität manifestieren und in der Gegenwart leben.

Mit diesem Chakra erhalten wir das Recht, auf der Welt zu *sein*, unsere Daseinsberechtigung. Seine Farbe ist Blutrot.

In diesem Archetyp gibt es zwei polare Kräfte: *starke Energie* und *Trägheit*. Sind wir körperlich, geistig, emotional und spirituell gesund, dann verfügen wir über viel physische Energie. Sie ist für unser Wohlbefinden unerläßlich. Zuviel Aktivität jedoch führt zu Hyperaktivität. In solch einem Zustand können wir nicht stillsitzen, geschweige denn meditieren. Unser Verstand läuft dauernd auf Hochtouren. Wir müssen mehr in den mittleren Bereich dieses Archetyps rücken.

Trägheit stellt sich dann ein, wenn unsere physische Energie geschwächt ist. Das geschieht bei zu großem Streß, wenn wir uns nur selten zurückziehen können oder körperlich erkranken. Wir brauchen nicht abzuwarten, bis wir schwach und erschöpft sind, um uns zu entspannen und zu regenerieren. Wir können für uns sorgen, bevor wir in diesen Zustand geraten. Wir müssen uns in Richtung Gleichgewicht bewegen.

Wenn du diese Karte ziehst, macht sie dich darauf aufmerksam, daß etwas in deinem Leben vielleicht nicht im Lot ist. In welchem Lebensbereich fühlst du eine Spannung?

Liegt die Karte aufrecht, solltest du dich täglich auf der irdischen Ebene stärker erden. Du bist oft geistesabwesend (siehe Karte Nr. 11 »Erdung und Gleichgewicht«).

Liegt diese Karte umgekehrt, bist du zu »relaxed«. Das bedeutet oft, daß du zu wenig Anteil nimmst am Geschehen um dich herum oder gar deprimiert bist. Du brauchst auf körperlicher Ebene einen Energieschub. Trage oft rote Kleidung, und zünde rote Kerzen an, wenn du um Hilfe für diesen Bereich bittest.

Übung: Mache eine Liste, wo in deinem Leben du physisch aus dem Gleichgewicht bist. Du könntest darin folgende Punkte festhalten: Körper (Ernährung, Ruhepausen, Sport, Hygienegewohnheiten, die Welt täglich mit allen Sinnen erleben); Finanzen (Arbeit, die dir Spaß macht, angemessenes Einkommen – überschaubare oder gar keine Schulden –, Geld für Vergnügen, Geld für andere, wenn möglich); Berufsleben (Arbeit, die dir gefällt, oder Pläne, an deiner beruflichen Situation etwas zu ändern); Auto (zuverlässiges Transportmittel), ja sogar Pläne für eine Zusatzausbildung.

Sprich mit Gefühl folgende Affirmation: »Ich lebe in einem Universum der Fülle. Ich habe ein Recht darauf, an der Fülle von Gottes physischer Welt Anteil zu haben. Ich bin reich.«

Meditation zum Wurzelchakra

- Du liegst in einem Bett in einem warmen, bequemen, sanft erleuchteten Raum. Du hörst Musik, die deine Seele bewegt oder besänftigt. Der Duft frischer Blumen erfüllt das Zimmer.
- Ein Engel tritt an dein Bett und legt dir ein winziges Neugeborenes in den Arm. Er sagt, du habest gerade dein Göttliches Kind geboren.
- Du betrachtest das Gesicht des Kindes und weißt, daß es wahr ist: Gerade hast du dich selbst geboren. Du bist überglücklich vor Freude. Deine Seele ist zutiefst bewegt. Dein Herz jubiliert.
- Du wiegst das Kind und gibst ihm deine Brust. Während es sich an deinem Körper satt trinkt, erzählst du ihm, daß du dich über seine Geburt freust. Du hast sehr

lang auf diese wundersame Geburt, deine Geburt in der Welt, gewartet. Du sagst dem Kind, daß du es bedingungslos liebst und immer beschützen wirst.

- Du läßt es wissen, daß du es hören wirst, wenn es nachts weint. Du wirst dem sanften Murmeln seiner Seele und dem Schmerz seines Herzens lauschen. Seine Freude wird auch deine Freude sein. Du wirst mit diesem Kind durch liebliche Wiesen laufen, und ihr werdet gemeinsam nach dem Frieden und Trost suchen, den reine Liebe mit sich bringt. Du wirst es niemals verlassen, sondern es immer in deinem Herzen tragen.

- Wenn du dein Göttliches Kind gestillt hast, dann sage ihm, daß es immer in dir leben wird und dort für alle Zeiten sicher und geborgen ist. Und dann kehre in dein Leben zurück und mache deine Versprechen wahr.

Schau dir deine Sexualität an, und suche nach Wegen zu größerer sexueller Zufriedenheit. Schau dir deine Kreativität an, und suche nach Wegen, die dir größere kreative Befriedigung schenken.

Das Sakralchakra liegt im Bereich des Schoßes und gehört zum System der »unteren Chakren«, die uns mit der Erde verbinden. Dieses Chakra ist mit dem unterirdischen Strom der Kreativität verbunden.

Das Sakralchakra wird manchmal auch Hara genannt. Dort begingen Samurais im alten Japan *harakiri*: Sie gaben sich den Tod, indem sie die verletzlichste Stelle ihres Körpers um eines Ideals willen durchbohrten.

Dies ist der Ort der Fortpflanzung und Kreativität, die beide denselben Ursprung haben. An diesem »wasserreichen« Ort entstehen Gefühle, und dort werden sie auch aufbewahrt. Bei der Arbeit mit diesem Chakra geht es um die Frage, wie wir eine Beziehung zu anderen Menschen finden und wie wir nach Bestätigung suchen. In der Arbeit mit diesem Chakra geht es darum, Schuldgefühle loszulassen und mit uns und unserer Umwelt – und mit unserer Kreativität – in Verbindung zu bleiben.

Dieses Chakra gibt uns das Recht zu fühlen. Es ist leuchtend orange.

Dieser Archetyp beinhaltet die beiden polaren Gegensätze *Schöpfung* und *Zerstörung*. Wir sind alle schöpferisch. Ob wir ein Bild malen, ein Musikstück komponieren, eine Skulptur meißeln oder unser eigenes Leben formen, – wir sind alle Gottes Mit-Schöpfer. In diesem Chakra lebt unsere Leidenschaft für das Leben, für unsere Kinder und die Früchte unserer Kreativität. Am kreativen Ende des Spektrums solltest du sicher sein, das zu erschaffen, was du manifestieren willst und was dem höchsten Ziel deiner Seele förderlich ist.

Am anderen Ende des Spektrums sehen wir die Katastrophe. Wir können nicht mit Zerstörung *leben*, wenngleich wir hin und wieder etwas zerstören und neu anfangen müssen. Das gilt für Ideen, Gefühle und die Früchte unserer Träume.

Es dauert viel länger, etwas zu erschaffen, als es zu zerstören, doch oft zerstören wir genau das, was wir lieben. Rücke von hier in die Mitte oder weiter ans andere Ende des Spektrums.

Wenn du diese Karte ziehst, bist du aufgefordert, dir Gedanken über deine Sexualität zu machen.

Liegt die Karte aufrecht, bist du sowohl mit deiner Sexualität als auch mit deiner Kreativität in Kontakt. Du weißt, daß sie derselben Quelle entspringen. Du bist nicht beunruhigt, wenn eines von beiden – wie es so oft geschieht – ruht und das andere dominiert. Das wird auch wieder anders.

Liegt die Karte umgekehrt, solltest du mehr in Kontakt zu dir selbst kommen. Du solltest dich besser kennenlernen. Überprüfe, welche Bedürfnisse du hast und wie du sie befriedigst.

Übung: Schreibe täglich drei Gefühle auf, die dir zu deiner Sexualität einfallen. Notiere anschließend drei Gefühle in bezug auf deine Kreativität. Schau, ob du nach einer Woche ein Muster darin erkennen kannst.

Trage orangefarbene Kleidung, und lasse eine orangefarbene Kerze brennen, wenn du um Hilfe dabei bittest, deine aufgestauten Emotionen durch deine Kreativität oder Sexualität freizusetzen.

Sprich mit Gefühl folgende Affirmation: »Mein Sakralchakra gibt alle gestauten Emotionen frei, und ich vermag mich ungehindert konstruktiv und produktiv auszudrücken.«

Meditation zum Sakralchakra

- An diesem Punkt deines Lebens scheint deine Kreativität blockiert zu sein. Du fühlst dich lustlos und desinteressiert.
- Eines Nachts besuchen dich im Schlaf deine kreativen Geistführer und teilen dir mit, daß sie dich, wenn du es willst, auf eine Reise mitnehmen werden, damit du wieder zu deiner Sexualität und/oder deiner Kreativität findest. Sie wollen dir eine Möglichkeit zeigen, wie du wieder Zugang zu deiner Leidenschaft bekommst.
- Du stehst in einer wunderschönen gotischen Kathedrale. Du bist schon eine ganze Weile dort, hast Kerzen angezündet und warst in tiefes Gebet versunken. Du verläßt nun den Hauptraum der Kathedrale und begibst dich in den Hof, wo du einen warmen, in den Farben des Regenbogens funkelnden Springbrunnen vorfindest. Du setzt dich auf die Bank vor dem Brunnen und meditierst. Du blickst tief in die Mitte des Regenbogenspringbrunnens hinein und merkst plötzlich, wie es dich ins

Wasser, direkt in diese Mitte, hineinzieht. Du gleitest nach unten, immer weiter, nach unten auf den Grund des Springbrunnens … in die Tiefen der Erde unter dem Springbrunnen.

- Tief in der Erde stößt du auf einen Fluß, den unterirdischen Strom der Kreativität. In der Tiefe des Flusses siehst du die Gesichter und hörst die Stimmen derer, die deine kreativen Vorgänger waren: alle großen SchriftstellerInnen, MalerInnen, BildhauerInnen, KomponistInnen und andere schöpferische Menschen aus allen Zeitaltern.

- Du weißt, daß du hier an den Fluß des kollektiven Unbewußten gelangt bist, der durch uns alle hindurchströmt. Du verbringst jetzt lange Zeit, viele Jahre an diesem Fluß und bewegst dich auf und ab, gehst hinein in diesen Ort und hinaus. Es ist ein magischer Ort der Erneuerung, ein mystischer Ort der Neu-Schöpfung.

- Als du zur Welt zurückkehrst, bringst du die Gaben des Flusses mit dir. Du trägst Geschenke der schöpferischen Menschen bei dir, die vor dir gelebt haben. Du bist eins mit allem, so wie der Fluß eins mit der Quelle ist.

Sieh dir an, wie du mit persönlicher Macht umgehst. Vielleicht übst du zu starken Einfluß auf andere Menschen aus und gestattest ihnen nicht, ihre eigene Kraft zu spüren. Vergewissere dich, daß du in deinem besten Interesse wie auch dem der anderen handelst.

Das Solarplexuschakra liegt auf der Höhe des Magens. Es ist das letzte der »erdgebundenen« Chakren. Als Sitz der persönlichen Identität schenkt uns der Solarplexus die Kraft, entsprechend unseren Überzeugungen und Wertvorstellungen zu handeln. Denken, kategorisieren, planen, organisieren und unterscheiden – all dies fällt in den Bereich des Machtzentrums. Das Solarplexuschakra zeigt uns, wie wir in unserem Leben effektiver sein und unsere Seele mit dem Ego verbinden können. Es vereint uns mit unserer Feuerkraft des Handelns in der Welt.

Mit diesem Chakra haben wir das Recht zu handeln. Das Chakra ist sonnengelb.

In diesem Archetyp gibt es die beiden polaren Kräfte *Zur eigenen Macht finden* und *Machtlosigkeit*. Sind wir im Besitz der eigenen Macht, dann fühlen wir sie besonders stark. An diesem Ende des Spektrums müssen wir darauf achten, nicht aus Machtgelüsten heraus zu handeln oder Macht *über* jemanden ausüben.

Das Solarplexuschakra vermittelt uns ein Gefühl für unsere eigene Identität, ein Gefühl dafür, wer wir sind. Dazu gehören auch die Gefühle, die wir in bezug auf uns selbst und den Platz hegen, den wir in der Welt einnehmen. Es ist der Sitz der Selbstachtung, des Selbstvertrauens und des Selbstwertgefühls.

Wenn wir uns völlig machtlos fühlen, sind wir nicht imstande, einen Plan zu schmieden, ihn auszuführen und uns gut dabei zu fühlen. Machtlosigkeit führt nämlich zu Verlust an Seele, zu »Löchern« in der Seele. An diesem Ende des Spektrums müssen wir zudem darauf achten, auch anderen nicht zuviel Macht über uns einzuräumen. Wenn andere Menschen zuviel unbegründete Macht über uns haben, fühlen wir uns machtlos, schwach und hilflos. Wir brauchen unsere eigene Macht, die Kraft *in uns*, wo wir sie abrufen können.

Wᴇɴɴ ᴅᴜ ᴅɪᴇsᴇ Kᴀʀᴛᴇ ᴢɪᴇʜsᴛ, zeigt sie dir, daß du den Umgang mit deiner persönlichen Macht überprüfen mußt.

Liegt die Karte ᴀᴜғʀᴇᴄʜᴛ, setzt du deine eigene Macht gut ein – ohne jemanden zu kontrollieren oder dich selbst kontrollieren zu lassen.

Liegt die Karte ᴜᴍɢᴇᴋᴇʜʀᴛ, spürst du womöglich deine eigene Kraft nicht oder deine Fähigkeit, etwas eigenständig zu tun. Vielleicht machst du dich zu abhängig von anderen, die du für dich denken und handeln läßt?

Üʙᴜɴɢ: Atme täglich mehrmals tief in den Bauchraum hinein, und bitte darum, zu deiner eigenen Macht zu finden.

Sprich mit Gefühl folgende Aғғɪʀᴍᴀᴛɪᴏɴ: »Beim Atmen bringe ich Kraft in meinen Solarplexus. Jeden Tag verfüge ich über mehr eigene Macht, durch den Atem Gottes.«

Mᴇᴅɪᴛᴀᴛɪᴏɴ ᴢᴜᴍ Sᴏʟᴀʀᴘʟᴇxᴜsᴄʜᴀᴋʀᴀ

- Sei jetzt ganz bei deinem inneren Selbst. Du stehst in einer Waldlichtung. Du bist schon seit Tagen, vielleicht Wochen dort und hast Rituale durchgeführt. Du willst deine eigene Kraft und Macht spüren. Das Feuer brennt lodernd. Das Feuer brennt heiß. Das Feuer ist hier.
- Umkreise das Feuer.
- Spüre die Macht des Feuers.
- Tanze den Tanz des Feuers.
- Tanze weg von der Hitze des Feuers.
- Du bist wieder ein Kind des Waldes. Der Geruch des brennenden Holzes tröstet dich. Betrachte die Flammen, die lebhaften orangeroten Flammen in der Nacht. Die knackenden, knisternden Laute der Holzscheite sprühen vor dir auf den harten, grauen Boden. Tanze den Tanz der Kraft.
- Während du dieses Ritual vor dem Feuer vollziehst, wirst du selbst zu einer Flamme. Einer Flamme, die sich durch all deine Ängste, all deinen Kummer, all deinen Schmerz brennt. Du spürst, wie die Flamme sich einen Weg durch deinen Magen in deine Seele bahnt. Die Flamme gibt dir Kraft.
- Sobald du das Gefühl hast, das Ritual sei beendet, kehrst du in die äußere, dir bekannte Welt zurück und nimmst die Flamme mit.

Überprüfe deine Gefühle, Gedanken und besonders dein Handeln in bezug auf die Liebe in deinem Leben. Damit du genügend Liebe bekommst, mußt du im Gegenzug bereit sein, selbst Liebe zu geben.

Das Herzchakra befindet sich als einziges in der Mitte des Chakrasystems. Damit der Pfad der Manifestation entstehen kann, müssen wir uns diesem Chakra zuwenden.

Das Herzchakra liegt in der Körpermitte auf der Höhe des Herzens. Bei ihm geht es um alle Arten von Liebe: Selbst-Liebe, erotische Liebe, Kindesliebe, Liebe zu anderen und universelle Liebe. Es geht um die Art, wie wir Liebe geben und empfangen.

Die Arbeit mit dem Herzchakra berechtigt uns, zu lieben und geliebt zu werden. Die Farbe des Herzchakras ist Smaragdgrün.

In diesem Archetyp gibt es die polaren Kräfte *Liebe* und *Gleichgültigkeit*. Wir sollten damit beginnen, uns selbst zu lieben. Haben wir kein starkes Selbstgefühl, so bleibt unsere Liebe auf der Stufe unbewußter kindlicher Verschmelzungssucht stehen. Sobald wir uns selbst lieben, können wir auch andere lieben. Universelle Liebe ist die Fähigkeit, über die menschliche Persönlichkeit hinaus auf die Seele des Menschen zu blicken und diese Seele zu lieben. Doch auf der Persönlichkeitsebene sind

Menschen nicht immer gut, freundlich und nett. Oft müssen wir einem anderen Grenzen setzen und dürfen unsere Liebe zu gewissen Zeiten nicht zeigen, um so jener Person zu ermöglichen, angemessen, realistisch und freundlich zu handeln.

Das Gegenteil von Liebe ist Gleichgültigkeit. Empfinden wir für jemanden keine Liebe mehr, werden wir ihm gegenüber gleichgültig. Er ist uns egal. Gleichgültigkeit ist ein Zustand, der beinahe an Grausamkeit grenzt. Jemanden zu vernachlässigen ist ein verletzendes Verhalten, und Gleichgültigkeit ist eine Form der Vernachlässigung.

Geht uns hingegen in unserem Leben die Liebe verloren, beginnt für uns eine Zeit der Trauer. Trauer ist eine Reaktion auf Liebesverlust. Wenn wir die Liebe verlieren, verlieren wir alles. Das kann auf vielerlei Art geschehen: durch Mißbrauch eines anderen, durch Vernachlässigung oder weil wir unser Herz verschließen. Um die Liebe in unserem Leben zu bewahren, sollten wir achtsam sein, uns liebevoll um das kümmern, was wir lieben, und gegenüber dieser Liebe, mit der unser Leben gesegnet ist, nicht gleichgültig werden.

WENN DU DIESE KARTE ZIEHST, prüfe dein Herz.

Liegt die Karte AUFRECHT, erhältst du vielleicht zuviel Liebe im Leben. Das heißt, jemand bemuttert dich oder versucht, über seine Liebe Kontrolle über dich auszuüben.

Liegt die Karte UMGEKEHRT, bekommst du vielleicht nicht genug Liebe im Leben. Vielleicht willst du dich vor Verletzungen schützen und öffnest deshalb anderen Menschen dein Herz nicht. Betrachte zunächst deine Liebesbeziehung zu Gott und dann zu deinem Höheren Selbst, dann wird die Liebe auch in deine Welt Einzug halten.

ÜBUNG: Zünde eine Woche lang jeden Tag eine grüne Kerze an, und trage etwas Grünes, wenn du um Heilung des Bereichs *Liebe* bittest. Denke daran, daß Liebe geben und Liebe empfangen ein und dasselbe sind.

Sprich mit Gefühl folgende AFFIRMATION: »Auf dieser Welt gibt es stets genug Liebe. Alle Liebe kommt von Gott. Ich liebe voll und ganz und mit Zuversicht.«

MEDITATION ZUM HERZCHAKRA

- Lege dich zu dieser Meditation hin, winkle die Knie an, und stelle die Füße flach auf den Boden.
- Entspanne deinen Körper und deinen Geist. Denke daran, daß Liebe ein Gefühl von Ausdehnung ist. Begib dich an jenen Ort tief in deiner Mitte.
- Bitte deine Geistführer darum, dir dabei zu helfen, tiefer und stärker zu lieben. Liebe heißt Geben und Nehmen, sie ist ein Energieaustausch. In deinem Herzen gibt es keinen Kummer. Nur Liebe.
- Atme nun dreimal tief in den Bauch ein. Öffne beim Einatmen weit deine Arme und empfange Liebe. Atme die Liebe zu Gott ein, zu anderen und zu dir selbst.
- Strecke beim Ausatmen deine Arme nach vorn und gib Liebe. Atme die Liebe zu Gott aus, zu anderen und zu dir selbst.
- Tu dies fünfzehn Minuten lang.
- Wenn du wieder ins Hier und Jetzt zurückkommst, dann tu es mit einem Gefühl von Liebe im Herzen, und jedesmal, wenn du ausatmest, atme Liebe aus.

26. DAS HALSCHAKRA: KOMMUNIKATION MIT DEM GÖTTLICHEN

Das Halschakra schenkt uns die Fähigkeit, Wahrheit zu sprechen und sie zu hören. Es ist eine göttliche Gabe. Achte darauf, daß du immer sagst, was du meinst, und meinst, was du sagst.

Die drei oberen Chakren – Hals-, Stirn- und Kronenchakra – liegen entlang des Pfades der Befreiung. Auf diesem Pfad befreien wir etwas, was an eine Form gebunden ist, Stück für Stück, damit es in größere Welten reichen kann. Wir verwandeln Materie in Geist.

Mit dem Halschakra betreten wir den Bereich der spirituellen Entwicklung und finden zur spirituellen Kraft. Das Halschakra befindet sich auf der Höhe der Kehle. Dieses Chakra verleiht uns Stimme. Die Kehle verkörpert Weisheit und Kommunikation. Sie ist das Zentrum einer Kreativität auf höherer Ebene, auf der wir zu Mit-Schöpfern mit dem Göttlichen, unserer Quelle, werden. Das Halschakra befähigt uns auch, auf die Stimme unserer inneren Führung und unserer Mitmenschen zu hören und diese immer deutlicher zu vernehmen. Sie hilft uns, die Stimme des Göttlichen in den Stimmen der anderen zu vernehmen.

Dies ist das Chakra, das uns berechtigt, die Wahrheit zu sprechen und zu hören. Seine Farbe ist Himmelblau.

Innerhalb dieses Archetyps gibt es die polaren Kräfte *Kommunikation* und *Taubheit*. Kommunizieren bedeutet auch *bekannt* machen. Wenn wir mit anderen kommunizieren, dann teilen wir uns mit, teilen etwas über uns mit. Kommunikation mit dem Göttlichen bedeutet Geben und Nehmen auf der geistigen Ebene, wie beim Gebet oder bei der Meditation. Kommunikation mit dem Göttlichen in uns oder anderen Menschen bedeutet, von der Seelenebene her zu sprechen.

Wir kommunizieren auf ganz unterschiedliche Arten und auf verschiedenen Seinsebenen, z. B. mit unserer Stimme. Wir singen, chanten, erzählen Geschichten. Wir bringen Klänge hervor. Klänge sind Schwingungen, und Schwingungen sind Heilung. Es heißt, daß der erste Klang, den Gott bei der Erschaffung der Welt entstehen ließ, »Om« war. Klänge werden zu Symbolen, und durch die Symbolwelt kommunizieren wir auf immer höheren Ebenen. Durch das Halschakra erschaffen wir uns willentlich und bewußt aus dem göttlichen, uns gegebenen Stoff.

Wenn wir nicht kommunizieren, verstummen wir. Laß deine Seele nicht verstummen. Benutze deine Stimme, um deine Seele mitzuteilen. Und höre mit dem Herzen zu.

Wenn du diese Karte ziehst, solltest du darauf achten, zu sagen, was du meinst, und zu meinen, was du sagst. Sieh dir an, wie du zunächst mit dir selbst und dann mit anderen kommunizierst.

Liegt die Karte aufrecht, bist du emotional ehrlich und direkt. Du verhältst dich dir und anderen gegenüber eindeutig und klar.

Liegt die Karte umgekehrt, stehst du unter Umständen nicht hinter dem, was du sagst. Vielleicht sagst du Dinge, die du nicht so meinst. Oder du denkst dir Dinge, die du nicht sagst.

Übung: In der kommenden Woche meine, was du sagst, und sage, was du meinst. Bringe alles zur Sprache, was dir wichtig ist und was du bisher verschwiegen hast. Trage in der kommenden Woche die Farbe Blau und zünde an jedem Tag, an dem du um Hilfe in diesem Bereich bittest, eine blaue Kerze an.

Sprich mit Gefühl folgende Affirmation: »Ich bin klar, ehrlich und direkt in der Kommunikation mit mir selbst und meiner Umwelt. Ich höre die Stimme Gottes in der Stimme eines geliebten Menschen.«

Meditation zum Halschakra

- Begib dich an jenen stillen, abgeschiedenen und heiligen Ort tief in deinem Innern. Denke an diesem Ort über die Gegenwart Gottes nach, spüre sie.
- Beginne nun »Om« zu summen. Summe ihn, nur ihn, fünfzehn Minuten lang.
- Wenn du mit dem Chanten fertig bist, bedanke dich für die Klänge in deinem Leben, die heilig sind.
- Danke deinem Halschakra, daß es dir ermöglicht, die Wahrheit zu sagen und aufzunehmen. Sag Danke für deine Stimme, die einzigartig ist und nur dir gehört.
- Beziehe diese Meditation in deine tägliche spirituelle Praxis ein, und mache dir dein eigenes Mantra: »Wenn ich ›Om‹ summe, wirke ich an der Schöpfung meines Lebens mit.«

27. DAS STIRNCHAKRA: DAS ZENTRUM DER INNEREN SICHT

Das Chakra der inneren Sicht befindet sich zwischen den Augen. Mit seiner Hilfe erkennen wir unsere Illusionen. Überprüfe deine Beweggründe und Träume. Stelle dir alles vor, was du im Leben haben möchtest. Sei dir sicher, dem Leben alles zu geben, was in deiner Macht steht.

Das Chakra der inneren Sicht, auch Drittes Auge genannt, befindet sich in der Mitte der Stirn und gehört zum System der oberen Chakren auf dem Pfad der Befreiung. Das Stirnchakra ermöglicht uns, Muster in unserer Umwelt zu erkennen und unsere Illusionen zu sehen, die unser weiteres Wachstum auf dem Weg verhindern. Es ist der Sitz der Hellsichtigkeit, der Fähigkeit, Unsichtbares zu sehen. Auch unsere medialen Fähigkeiten ruhen hier: Hellhörigkeit – die Fähigkeit, Dinge zu hören, die andere nicht hören; Hellfühligkeit – die Fähigkeit, sich des Nicht-Offensichtlichen als »inneres Wissen« oder als »Gefühl« bewußt zu sein. Das Stirnchakra ist Teil unseres intuitiven Wahrnehmungssystems. Es hilft uns dabei, zu sehen, zu hören, zu fühlen, uns bewußtzuwerden. Es hilft uns, in der Welt auf einer tieferen als der kognitiven Ebene aktiv zu werden. Dieses Zentrum hat auch mit abstraktem Denkvermögen und Visionen zu tun. Hier spüren wir die Anwesenheit unserer geistigen Helfer am stärksten.

Dieses Chakra berechtigt uns, mit unserem inneren Auge die Wahrheit hinter allen Geschehnissen zu sehen. Seine Farbe ist Indigo.

Innerhalb dieses Archetyps gibt es die polaren Kräfte *Klarsicht* und *Blindheit*. Es ist etwas sehr Schönes, die innere Sicht zu haben, sie vermittelt uns ein wahres Abbild der Ereignisse, zu jedem beliebigen Zeitpunkt. Man kann aber durchaus auch zuviel »Einsicht« haben, und sie kann – wenn nicht mit Weisheit gepaart – auch verletzen. Manchmal erhalten wir eine Vision künftiger oder derzeitiger Ereignisse, die für andere unsichtbar bleiben. Vielleicht haben wir mediale Fähigkeiten. Wir brauchen dann all unsere Weisheit, um zu entscheiden, wann wir wem erzählen, was wir gesehen haben.

Innere Sicht ist ein tiefes Wissen, eine »Ahnung«, ein »Gefühl«. Darunter versteht man auch, daß jemand Dinge »wittert«, sowie das gesamte Reich der Phantasie.

Am anderen Ende des Spektrums steht Blindheit. Blindheit hat mehrere Abstufungen. Wir sehen vielleicht verschwommen, undeutlich, sind kurzsichtig, haben eine getrübte Sicht, eine verzerrte Sichtweise. Oft fürchten wir uns, etwas anzusehen, was direkt vor unserer Nase liegt. Wir haben Angst, mit unserem inneren Auge zu sehen, und manchmal sogar Angst davor, anderen unser Wissen mitzuteilen. Wenn wir zu lange an diesem Ende des Spektrums leben, erreichen wir möglicherweise unsere spirituellen Ziele nicht. Rücke ein bißchen in die Mitte und auf das andere Ende zu, wo du nicht blind bist für die Gaben, die du erhalten hast: die Gaben deiner Seele.

WENN DU DIESE KARTE ZIEHST, bist du aufgefordert, auf deine innigsten, geheimen Herzenswünsche zu achten.

Liegt die Karte AUFRECHT, hast du guten »Einblick« in andere. Blicke aber nun auch in dein eigenes Herz, und sieh, was die Wahrheit ist.

Liegt die Karte UMGEKEHRT, erlebst du dich vielleicht gerade jetzt antriebslos. Nimm die notwendige psychologische und spirituelle Arbeit in Angriff, um Einblick in die Situation zu gewinnen.

ÜBUNG: Trage in der kommenden Woche wenn möglich die Farbe Indigo (ein dunkles Violettblau), und zünde sieben Tage lang täglich eine indigofarbene Kerze an, wenn du um Hilfe in diesem Bereich bittest.

Sprich mit Gefühl folgende AFFIRMATION: »Meine inneren Visionen stimmen mit meinem äußeren Leben überein. Ich erschaffe und manifestiere, was ich mir wünsche. Ich habe in meinem Leben Gutes verdient.«

MEDITATION ZUM STIRNCHAKRA

- Nimm eine Meditationshaltung ein, und entspanne deinen Körper, deinen Geist … Denke nicht. Sei nur still und aufnahmebereit.
- Lege den Mittelfinger der rechten Hand (bei Linkshändern die linke) in die Mitte der Stirn, über dein Stirnchakra. Denke an die Farbe Purpur.
- Schreibe auf diese Farbe mit großen goldenen Lettern folgende Affirmation: »Ich (dein Name) habe alle (Zeit, Geld, Gesundheit, Fülle, Liebe, Energie), die ich wünsche oder mir wünschen könnte, um das höchste Ziel meiner Seele einzulösen.«
- Laß dann ein inneres Bild (oder Gefühl oder Wissen) dessen entstehen, was du dir mehr als alles in der Welt wünschst. Male es in allen Einzelheiten aus. Ist das Bild dann fertig, sag: »Es ist vollbracht. Dank sei Gott.«

28. DAS KRONENCHAKRA: KOSMISCHES BEWUSSTSEIN

Nimm Verbindung zu deinem Höheren Selbst auf. Bitte darum, auf dieses Selbst eingestimmt zu werden. Fließe mit der Einheit des Universums.

Das Kronenchakra ist das letzte der spirituellen Chakren, der höchste erreichbare spirituelle Punkt, der durch das Mandala symbolisiert wird. Das Kronenchakra befindet sich auf dem Scheitel und kreist über ihm. Seine Farbe ist Weiß, Purpur und Gold, und es hat die Form eines in allen Regenbogenfarben leuchtenden Mandalas.

Vom Kronenchakra kommen kosmisches Bewußtsein und völlige Freiheit. Das Kronenchakra gibt uns die Erlaubnis und die Fähigkeit, zu wissen und zu verstehen, was uns betrifft. Nur wenige Menschen agieren auf dieser höchsten Stufe, doch streben wir nicht alle danach? Das Kronenchakra ist »zuständig« für die Art, wie wir uns unserem Höheren Selbst öffnen und wie wir unsere Vorstellungskraft einsetzen. Wird diese Bewußtseinsebene aktiviert, sind wir völlig im Einklang mit unserem Höheren Selbst. Auf dieser Stufe werden wir zu erleuchteten Meistern. Wir haben all unsere karmischen Aufgaben gemeistert.

Bei der Arbeit mit dem Kronenchakra sollten wir auch mit der »sprudelnden Quelle« arbeiten, die sich auf den Fußsohlen, in den Handflächen und auf den Knien befindet. Beim Heilen achten wir besonders auf Handflächen, Knie, Gelenke und Füße: Das erdet uns und verhindert, im Kopf zu leicht zu werden.

Dieser Archetyp enthält die polaren Kräfte *Einheit* und *Dualität*. Einheit ist das höchste spirituelle Ziel, das wir kennen und nach dem alle spirituell Suchenden heftig und leidenschaftlich streben. Wenn wir in dem Wissen leben, daß es zwischen Gott und dem Universum mit allem Lebendigen darin keine Trennung gibt, dann fühlen wir unser Alltagsleben eingebettet in das Große.

Da das Wesen des Menschen und unser Erdenleben aber sind, was sie sind, spielt uns die Einheit, nach der wir streben, meistens einen Streich. Es mag in

»Glücksmomenten« vorkommen, daß wir mit der Natur in Einklang sind, mit uns selbst »im Fluß« oder mit anderen Lebewesen Augenblicke der Nähe erleben. Aber es sieht so aus, als könnten wir diesen Zustand nicht verlängern. Das sollten wir auch gar nicht. Unsere Seele entwickelt sich durch dieses irdische Leben.

Offenbar haben wir eine duale Natur. Es war nicht nur der Philosoph Descartes, der uns in zwei Teile teilte – es ist unsere Existenz auf der Erde selbst. Wir sind menschliche Wesen, die danach streben, spirituell zu sein. Wir sind spirituelle Wesen, die danach streben, menschlich zu sein. Wir haben das Gefühl, weder ganz der Geistwelt noch ganz der Menschenwelt anzugehören. Wollen wir psychisch und spirituell gesund sein, müssen wir unsere menschliche Natur so annehmen, wie sie ist, weiterhin aber nach der vollkommenen Einheit streben.

WENN DU DIESE KARTE ZIEHST, bist du aufgefordert, Kontakt zu deinem Höheren Selbst aufzunehmen.

Liegt die Karte AUFRECHT, bist du mit deinen spirituellen Zielen auf dem richtigen Weg. Lerne, praktischer zu werden.

Liegt die Karte UMGEKEHRT, lebst du vielleicht zu oft im Zustand der Dualität, abgetrennt von deinen spirituellen Wurzeln.

ÜBUNG: Stelle dir bei deinen Meditationen vor, die Farbe Purpur breite sich über deinem Kopf aus. Lasse in der kommenden Woche eine purpurfarbene Kerze brennen, wenn du darum bittest, in Einklang mit dem Willen des Einen zu kommen.

Sprich mit Gefühl folgende AFFIRMATION: »Ich bin mit meinem Höheren Selbst in Verbindung und Einklang und bringe dieses Selbst bei all meinem Tun zum Ausdruck.«

MEDITATION ZUM KRONENCHAKRA

- Zeichne ein Mandala. Das Mandala ist, wie du dich erinnerst, ein Symbol für die Seele oder Gott.
- Es symbolisiert auch das Kronenchakra. Male dein Mandala so schön aus, wie du kannst.
- Laß es in allen Regenbogenfarben erstrahlen. Du kannst dazu Filzstifte, Wasserfarben oder Buntstifte benutzen.
- Ist dein Mandala fertig, dann setz dich davor, und geh meditativ in es hinein. Denke nicht. Sprich nicht. Sei einfach bei Gott. Denk an die Worte »Sei still und wisse, ich bin bei dir.«

Ende und Neubeginn
Du bist nun am Ende deiner Reise durch die Botschaften der REIKI-KARTEN angelangt.
Wisse aber, daß der Keim des Neubeginns im Ende liegt. Wisse, daß spirituelle Entwicklung
kein Ende hat. Es gibt nur Rastplätze, an denen du dich erfrischen, erneuern und regenerie-
ren kannst. Laß dich von den archetypischen Seelenbildern immer wieder neu zur Heilung
und Ganzwerdung deiner Seele führen.

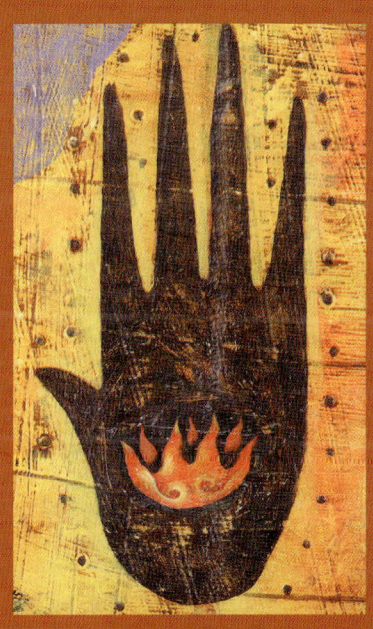